mathbuch
Mathematik für die Sekundarstufe I

Lösungen zum Arbeitsheft
Merkheft
Arbeitsheft

1

Schulverlag plus AG
Klett und Balmer Verlag

mathbuch
Mathematik für die Sekundarstufe I

Lösungen zum Arbeitsheft

1

Schulverlag plus AG
Klett und Balmer Verlag

mathbuch – Lösungen zum Arbeitsheft 1

S. 5–6 — 1 Fünfer und Zehner

1

	Messung von 10 Schritten mit dem Messband	Benötigte Schritte Turnhalle Länge = 28,80 m	Pausenplatz Länge = 64,50 m	Schulhaus Umfang = 127 m
Pavel	6,20 m	46,5 Schritte	104 Schritte	205 Schritte
Fiona	6,85 m	42 Schritte	94 Schritte	185,5 Schritte
Miranda	6,60 m	43,5 Schritte	97,5 Schritte	192,5 Schritte
Dean	8,50 m	34 Schritte	76 Schritte	149,5 Schritte

2
- **A** proportional
  12 Riegel kosten CHF 14.40
- **B** proportional
  auf 80 m² wachsen 64 Jungbäume
- **C** nicht proportional
  –
- **D** proportional
  in 80 min fährt man 144 km
- **E** proportional
  60 Liter wiegen 54 kg
- **F** nicht proportional
  –

3 Individuelle Lösung

4
Amélie: 2,5 g/dl
Bertrand: 2,0 g/dl
Claudine: 3,3 g/dl
Daniel: 2,1 g/dl
Étienne: 2,5 g/dl

Claudine hat das süsseste Zuckerwasser zubereitet.
Sie hat pro Deziliter Wasser mehr als 3 g Zucker beigemischt, alle anderen weniger als 3 g pro Deziliter.

5 Mögliche Lösung:

cm	2,5	5	10	15	20	25,4	30
Zoll	fast 1	fast 2	3,9	5,9	7,9	10	11,8

6
- **A** Rosmarin kostet 10.0 Rappen pro Gramm
- **B** Paprika kostet 7.8 Rappen pro Gramm
- **C** Safran aber kostet 1 000 Rappen (10 Franken) pro Gramm

Weitaus am meisten je Gramm kostet Safran.
Am wenigsten je Gramm kostet Paprika.

S. 7–8 — 2 Kopfrechnen

1

A		B	
	104		32
	350		28 000
	2 700		4 380
	70		70
	249		4

C		D	
	500		3 000
	440		1 630
	1 600 000		700
	100 000		6 750
	3 510		35

2

A	B	C
660	520 g	0,22
71	501	66 cl
32 cm	76 l	765 kg
976 kg	702 mm	46 min
15 s	0,745	760 m

3

A	B	C	D
500	3 m	46 t	8 mm
7 000	5 min	4 m	4 h
12 h	3 l	51 min	14 m
56 km	0	5 t	1
5 ml	50	100 l	10 kg

4

A	B	C
0,455 km	0,750 kg	1 250 kg
3 500 ml	14,55 m	34 l
225 min	335 s	250 l
4 600 kg	0,750 l	86,5 mm
15,80 m	4 750 kg	605 s

5

A	B	C
72	46	3
25	48	16
14	2	29
22	90	16
52	32	30

S. 9–12 — 3 Rechnen – schätzen – überschlagen

1 A

Ergebnis = 0,6	Ergebnis = 1,2	Ergebnis = 2,4
20 · 0,03	3 · 0,4	8 · 0,3
1,2 · 0,5	20 · 0,06	80 · 0,03
3 · 0,2	4 · 0,3	6 · 0,4
0,05 · 12	0,06 · 20	0,6 · 4
0,04 · 15		

Achtung: Die Multiplikation 0,3 · 0,2 führt auf 0,06 und nicht auf 0,6.

B Individuelle Lösung

2 A

Ergebnis = 0,4	Ergebnis = 0,8	Ergebnis = 1,6
8 : 20	2,4 : 3	1,92 : 1,2
5,2 : 13	0,48 : 0,6	17,6 : 11
0,2 : 0,5	3,2 : 4	40 : 25
0,16 : 0,4	4 : 5	0,48 : 0,3
	0,16 : 0,2	

Achtung: Die Division 1,2 : 15 führt auf 0,08 und nicht auf 0,8.

B Individuelle Lösung

3 Genaues Ergebnis:
37 035
951 184
272 850
68 519
984 078

4 Genaues Ergebnis:
91,67
4 788,5
7 040,52
35,9227
3,02244

5 Genaues Ergebnis:
25
5 200
125
2 980
39,499…

6 Genaues Ergebnis:

A	B
0,15 m	13
2,2 km	131
12,3 cm	900
3,7 m	1 240

7 Individuelle Lösung

mathbuch – Lösungen zum Arbeitsheft 1

8 Mögliche Lösungen:
  A Etwa 200 000 h
  Annahme: Ein Mensch schläft im Durchschnitt 7 h pro Tag und wird 80 Jahre alt.
  B Mehr als 400 Millionen
  Annahme: Ein Schweizer oder eine Schweizerin isst eine Tafel Schokolade pro Woche. Die Schweiz hat 8 Millionen Einwohner.
  C Mehr als 4 000 Säcke
  Annahme: Ein Mensch produziert einen Sack Abfall pro Woche und wird 80 Jahre alt.
  D Rund 30 km², also 5 km mal 6 km.
  Annahme: In der Schweiz gibt es 3 Millionen Autos. Ein Parkplatz ist 10 m² gross.

S. 13–16 4 So klein! – So gross!

1 Individuelle Lösungen

2 **A** … 200 km breit.
  B … 70 000 km.
  C … 5 000 km.

3
A	B	C
1 000 m	100 l	1 000 kg
10 dm	10 dl	100 kg
100 cm	100 cl	1 kg
1 000 mm	1 000 ml	1 000 g
1 000 000 µm	100 ml	1 000 mg
1 000 µm	10 ml	1 000 000 µg

4
A	B	C
0,02 m	0,009 km	0,5 kg
0,32 m	0,089 km	1,5 kg
4,32 m	0,09 m	0,150 kg
43,20 m	0,789 km	15 000 kg
3,2 m	0,9 m	0,15 g
32,0 m	0,009 m	1,5 g

5 **A** 102 ml = 10,2 cl < 1,2 dl < 1002 ml < 1,003 l < 11 dl < 101 l
  B 0,032 g < 302 mg < 3,02 g < 0,032 kg < 322 g < 3,022 kg < 0,032 t

6 1 kg 20 g = 1 020 g
  1 g 20 mg = 1,02 g
  50 ml = 5 cl
  5 dl = 0,5 l
  805 cl = 8 050 ml
  8 ml = 0,008 l

7
A	B	C
750 g	30 cm	100 ml
600 g	3 dm	1,25 dl
375 g	125 mm	12,5 cl
300 g	12,5 cm	625 ml
150 g	250 mm	1 250 ml
60 g	50 cm	25 dl

8
A	B	C
$\frac{3}{4}$ l	$\frac{1}{8}$ km	$\frac{1}{80}$ kg
$\frac{15}{2}$ l	$\frac{3}{8}$ m	$\frac{3}{80}$ kg
$\frac{3}{40}$ l	$\frac{7}{8}$ m	$\frac{7}{8}$ kg
$\frac{1}{4}$ l	$\frac{7}{80}$ km	$\frac{7}{80}$ t

9
A	B	C
10 000 kg	1 000 m	1 000 dl
1 000 000 mg	10 000 mm	1 000 ml
0,1 t	0,01 m	10 000 ml
0,0001 kg	0,00001 km	0,33 l
0,01 g	0,1 m	33 cl
0,00001 kg	0,0001 km	0,33 l

10 **A** 24 h   105 min
  1 440 min   45 min
  86 400 s   **C** 135 min
  60 h   15 min
  B 60 min   300 s
  3 600 s $\frac{1}{6}$ h

S. 17–20 5 Messen und zeichnen

1
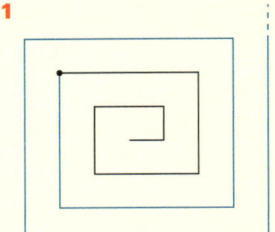

2 **A** α = 30°
    β = 60°
  B Siehe Figur 1
  C Siehe Figur 1
  D Siehe Figur 1
    δ = 180° − α = 150°
    ε = 180° − β = 120°
  E blau = spitze Winkel
    rot = stumpfe Winkel
  F Mögliche Lösung:
    α + β + rechter Winkel = 180°

Figur 1
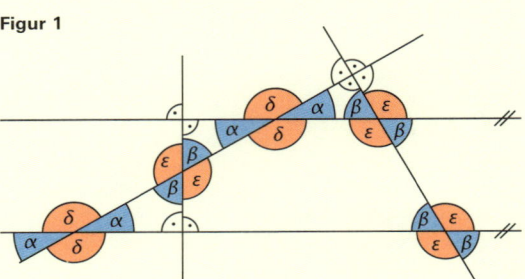

3 Weg A: Ziel 2
  Weg B: Ziel 4
  Weg C: Ziel 3
  Weg D: Ziel 1

4 **B** u = 32 cm
  C A = 64 cm²
  D Ein Winkel misst 90°, die beiden anderen Winkel messen je 45°.
  E Der Umfang wird verdoppelt. u_2 = 64 cm
    Der Flächeninhalt wird vervierfacht. A_2 = 256 cm²
    Die Winkel bleiben gleich.
  F Der Umfang wird halbiert. u_3 = 16 cm
    Der Flächeninhalt ist ein Viertel von A. A_3 = 16 cm²
    Die Winkel bleiben gleich.

5 **A** u = 24 cm
    A = 32 cm²
  B Die Winkel messen 26°, 64° oder sind rechte Winkel.
  C 16 cm²

6 **A** α = 60°
  B

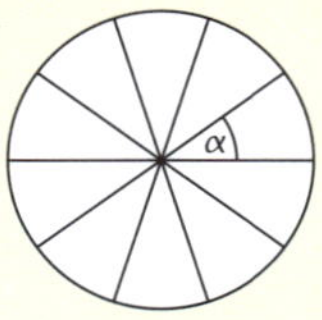

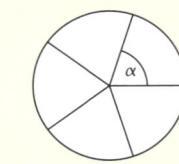
α = 36°   α = 72°   α = 18°

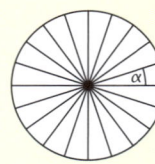
α = 51,4°   α = 24°   α = 45°

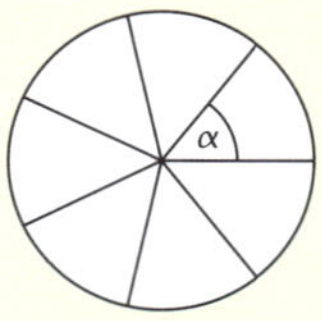

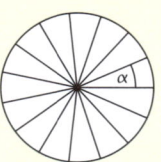

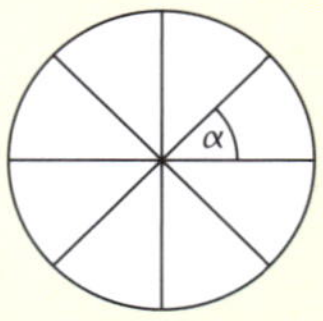

S. 21–24 6 Koordinaten

1 A $P_3(1/1)$
  $P_4(-1/1)$
  $P_5(-1/-1)$
  $P_6(2/-1)$
  $P_7(2/2)$
  $P_8(-2/2)$
  $P_9(-2/-2)$
  $P_{10}(3/-2)$
  $P_{11}(3/3)$
  $P_{12}(-3/3)$
  $P_{13}(-3/-3)$
  $P_{14}(4/-3)$
  $P_{15}(4/4)$

B $P_{16}(-4/4)$
  $P_{17}(-4/-4)$
  $P_{18}(5/-4)$
  $P_{19}(5/5)$

2 A Figur 1: blaues Viereck
  B Figur 1: rotes Viereck
   A'(4/2)
   B'(2/6)
   C'(−6/2)
   D'(−4/−2)
  C Individuelle Lösung

Figur 1

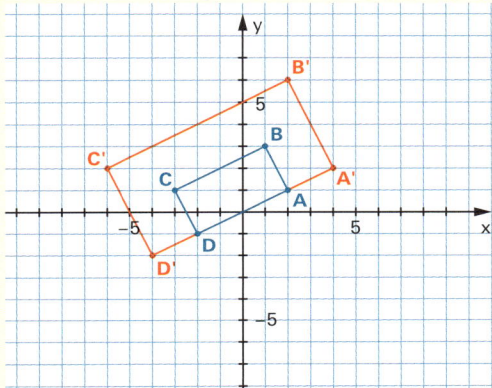

3 A

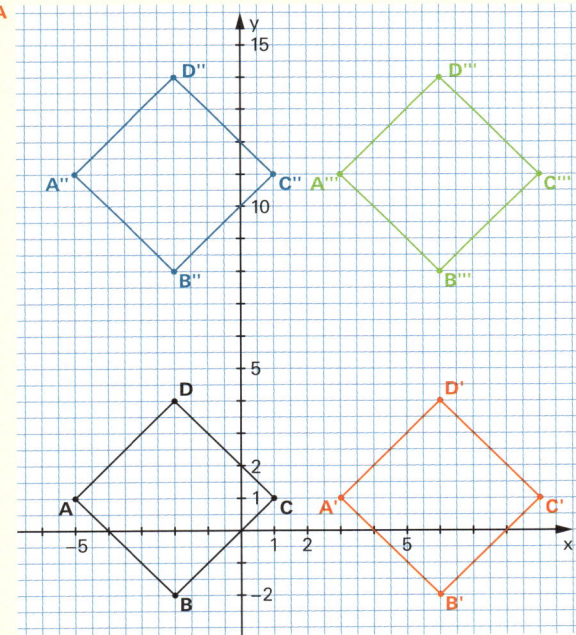

B D(−2/4)
C A'(3/1) B'(6/−2) C'(9/1) D'(6/4)
  Das Quadrat wird waagrecht parallel zur x-Achse um 8 Einheiten nach rechts verschoben.
D A''(−5/11) B''(−2/8) C''(1/11) D''(−2/14)
  Das Quadrat wird senkrecht parallel zur y-Achse um 10 Einheiten nach oben verschoben.
E A'''(3/11) B'''(6/8) C'''(9/11) D'''(6/14)
  Das Quadrat wird schräg nach rechts oben verschoben.
F Individuelle Lösung

4

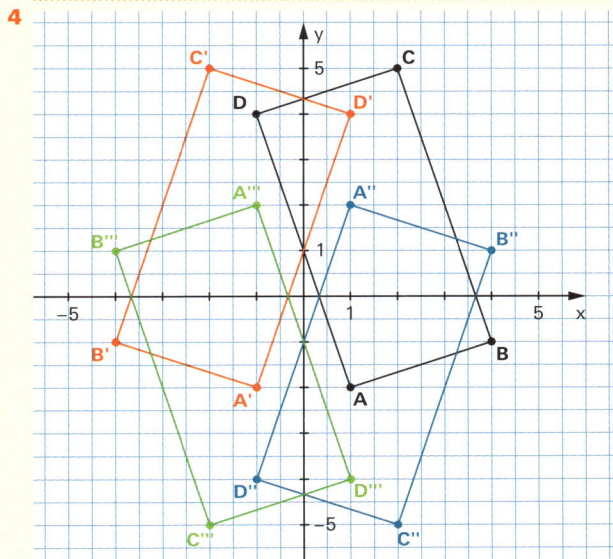

A Rechteck
B A'(−1/−2) B'(−4/−1) C'(−2/5) D'(1/4)
  Das Rechteck wird an der y-Achse gespiegelt.
C A''(1/2) B''(4/1) C''(2/−5) D''(−1/−4)
  Das Rechteck wird an der x-Achse gespiegelt.
D A'''(−1/2) B'''(−4/1) C'''(−2/−5) D'''(1/−4)
  Das Rechteck wird am Punkt (0/0) gespiegelt.
E Individuelle Lösung

5 A

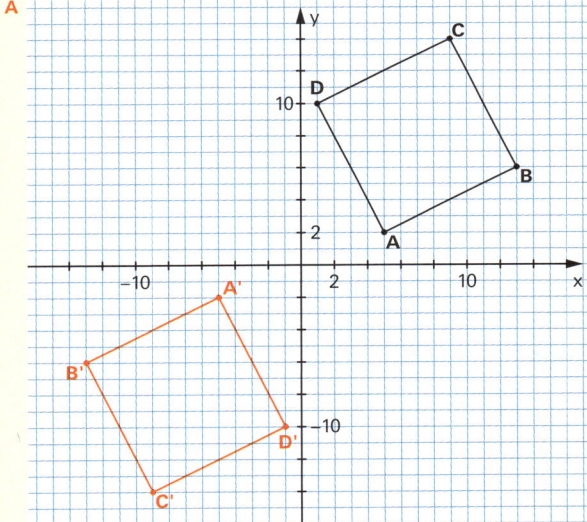

B Quadrat
C A'(−5/−2) B'(−13/−6) C'(−9/−14) D'(−1/−10)

6 A Siehe Figur 2
B Siehe Figur 2
C A'(4/2)   B'(8/6)   C'(8/1)
Die Koordinaten x und y wurden vertauscht.

Figur 2

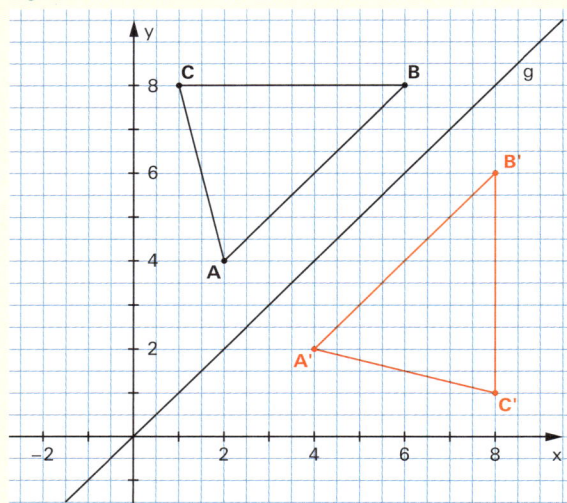

7 A

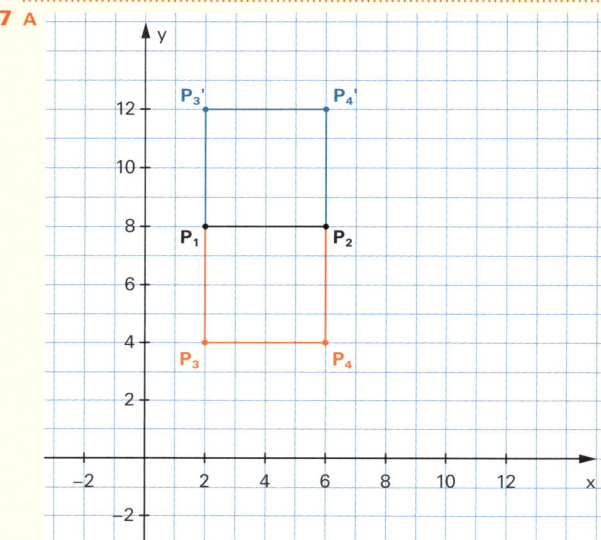

B $P_3(2/4)$
$P_4(6/4)$
$P_3'(2/12)$
$P_4'(6/12)$
C Fläche = 16 Karos

8 A

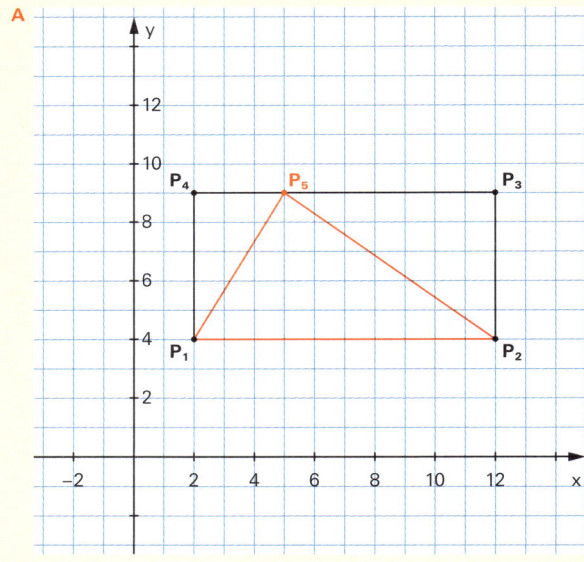

B $P_4(2/9)$
C Fläche = 50 Karos
D Mögliche Lösung: $P_5(5/9)$
E Die Fläche ist in jedem Fall 25 Karos.

9 A Siehe Figur 3
B Siehe Figur 3
C B(14/11), Z(25/18), L(30/−3), S(34/19)
D   1 (35/20)
    2 (29/22)
    3 (23/21)
    4 (9/19)
    5 (3/8)
    6 (0/5)
    7 (−2/−1)
    8 (16/−4)
    9 (24/4)
   10 (30/−6)
   11 (38/2)
   12 (45/9)
   13 (38/13)
E Mögliche Lösung: Wenn man Bern statt Genf als Koordinaten-Nullpunkt wählt, werden von allen Koordinaten aller Orte die Koordinaten von Bern (14/11) subtrahiert.
Beispiel: Zürich erhält statt (25/18) neu die Koordinaten ((25 − 14)/(18 − 11)) = (11/7).

Figur 3

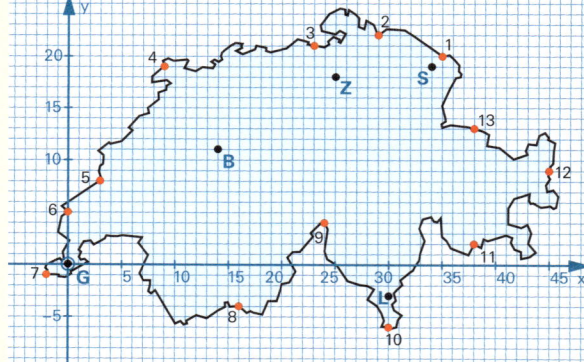

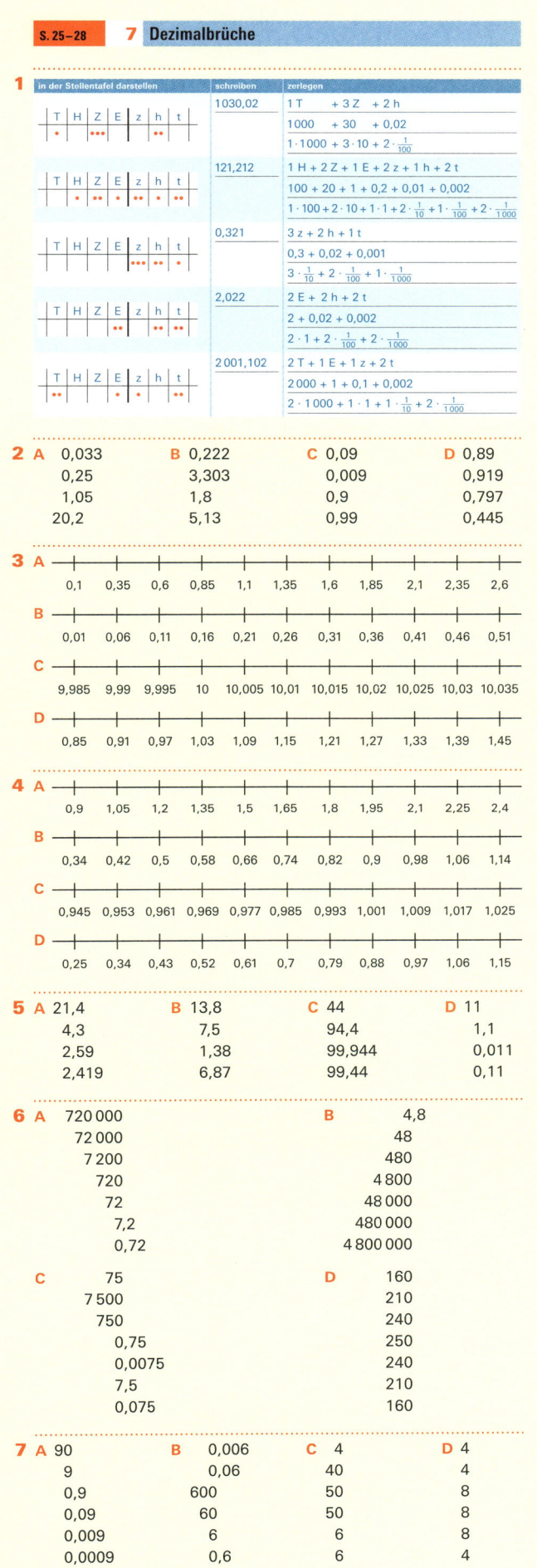

3 Tabelle 1

ZT	T	H	Z	E	z	h	t	zt	ht		
				••	••					Startzahl	20,2
••		••	••							das Tausendfache	20 200
	••		••	••						das Hundertfache	2 020
		••		••	••					das Zehnfache	202
			••	••						das Einfache	20,2
				••	••					ein Zehntel	2,02
					••	••				ein Hundertstel	0,202
						••	••			ein Tausendstel	0,0202

Tabelle 2

ZT	T	H	Z	E	z	h	t	zt	ht		
				•		••				Startzahl	1,02
	•		••							das Tausendfache	1 020
		•		••						das Hundertfache	102
			•		••					das Zehnfache	10,2
				•		••				das Einfache	1,02
					•		••			ein Zehntel	0,102
						•		••		ein Hundertstel	0,0102
							•		••	ein Tausendstel	0,00102

4
A 0,27   B das Tausendfache
    50   ein Zehntausendstel
    0,005   das Zehntausendfache
    3 060   ein Tausendstel
    0,00306   das Zehntausendfache
                  ein Hundertstel

C 0,8   D das Zehntausendfache
    8   das Zehntausendfache
    0,81   ein Zehntel
    81   das Hundertfache
    0,0305   ein Tausendstel
    3 050   das Tausendfache

5
A $\frac{5}{6}$, $\frac{7}{12}$, $\frac{9}{20}$ B $\frac{5}{6}$, $\frac{7}{8}$, $\frac{9}{10}$ C $\frac{7}{10}$, $\frac{43}{40}$, $\frac{21}{20}$

D $\frac{11}{8}$, $\frac{5}{8}$, $\frac{13}{24}$ E $\frac{3}{2}$, $\frac{1}{8}$, $\frac{1}{4}$ F $\frac{17}{40}$, $\frac{1}{2}$, $\frac{7}{24}$

6
A $\frac{3}{12}$, $\frac{10}{25}$, $\frac{15}{40}$ B $\frac{12}{16}$, $\frac{12}{15}$, $\frac{12}{16}$ C $\frac{4}{6}$, $\frac{3}{4}$, $\frac{10}{12}$ D $\frac{3}{4}$, $\frac{2}{5}$, $\frac{3}{8}$

7
A $\frac{3}{4}$ > $\frac{7}{10}$
B $\frac{5}{8}$ < $\frac{7}{9}$
C $\frac{4}{9}$ < $\frac{9}{10}$
D $\frac{4}{5}$ > $\frac{7}{15}$

8
A $\frac{3}{4}$, $\frac{18}{25}$, $\frac{6}{7}$ B $\frac{5}{6}$, $\frac{4}{5}$, $\frac{7}{10}$

9
A 360, 0,24, 2,9, 0,056   B 3 420, 34,2, 3,42, 34 200   C 27,6, 0,135, 63 200, 4 230

10 2 004 008
    1 115
    42,04
    53,191

S. 33–36   9 Flächen und Volumen

1 A Individuelle Lösung
   B Figur 1   A = 18 cm²
     Figur 2   A = 16 cm²
     Figur 3   A = 12 cm²
     Figur 4   A = 16 cm²

2 Figur 1   A = 756 m²
   Figur 2   A = 1 250 m²
   Figur 3   A = 360 000 m²
   Figur 4   A = 1 950 m²

3 Körper 1   V = 50 cm³
   Körper 2   V = 42 000 cm³
   Körper 3   V = 72 000 cm³
   Körper 4   V = 1 760 m³

4 Quader 1   S = 6 600 cm²   V = 36 000 cm³
   Quader 2   S = 65 200 cm²   V = 1 008 000 cm³

5 A b = 9 cm
   B b = 3,6 cm
   C s = 6 cm
   D Mögliche Lösungen: 12 cm mal 3 cm   8 cm mal 4,5 cm

6 A c = 3 cm
   B c = 13,5 cm
   C s = 6 cm

S. 37–42   10 x-beliebig

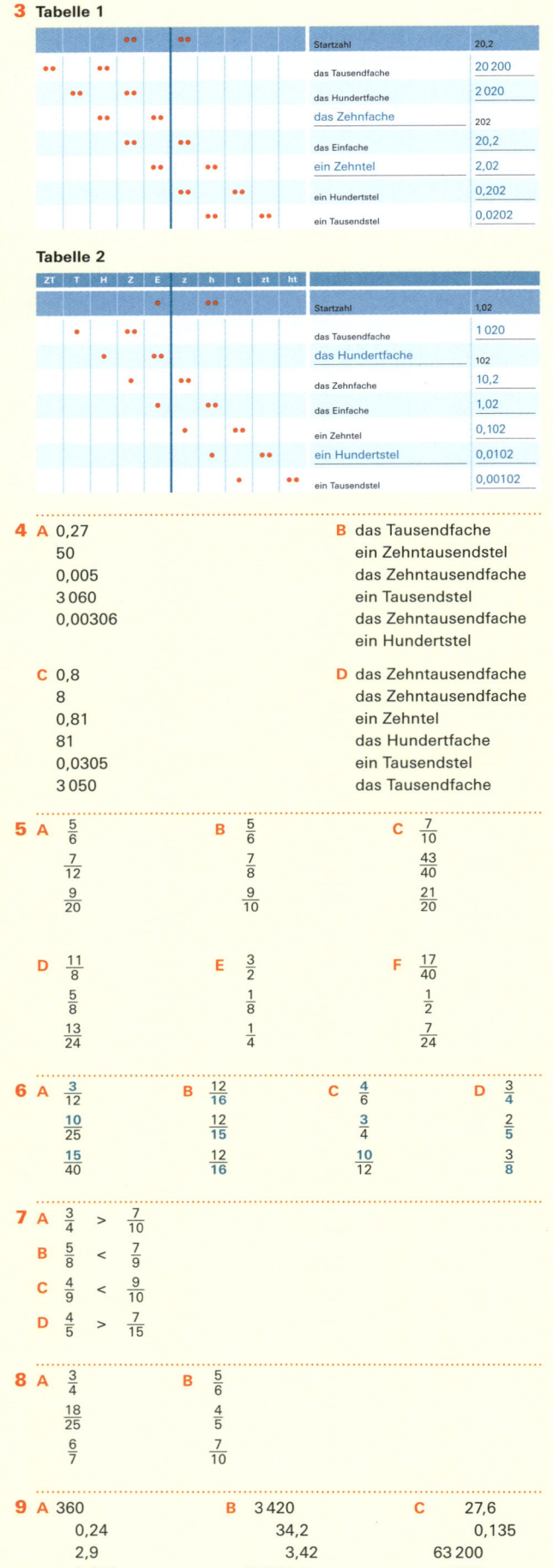

1 A

Beschreibung: Figur 1 hat drei Hölzchen. Bei jeder weiteren Figur kommen drei Hölzchen dazu.

Wertetabelle:

	Figur 1	Figur 2	Figur 3	Figur 4	Figur 5	Figur 10	Figur 20	Figur x
Anzahl Hölzchen	3	6	9	12	15	30	60	3 · x

B

Beschreibung: Figur 1 hat vier Hölzchen. Bei jeder weiteren Figur kommen vier Hölzchen dazu.

	Figur 1	Figur 2	Figur 3	Figur 4	Figur 5	Figur 10	Figur 20	Figur x
Anzahl Hölzchen	4	8	12	16	20	40	80	4 · x

C

Beschreibung: Figur 1 hat vier Hölzchen. Von Figur zu Figur kommen jeweils drei Hölzchen dazu.

	Figur 1	Figur 2	Figur 3	Figur 4	Figur 5	Figur 10	Figur 20	Figur x
Anzahl Hölzchen	4	7	10	13	16	31	61	3 · x + 1

2

A Mögliche Figurenfolge:

Figur 1	Figur 2	Figur 3	Figur 4
△	△▽	△▽△	△▽△▽

Beschreibung: Ich starte mit drei Hölzchen, bei jeder weiteren Figur kommen drei Hölzchen dazu.

Wertetabelle	Figur 1	Figur 2	Figur 3	Figur 4	Figur 5	Figur 10	Term Figur x
Anzahl Hölzchen	3	6	9	12	15	30	$3 \cdot x$

B Mögliche Figurenfolge:

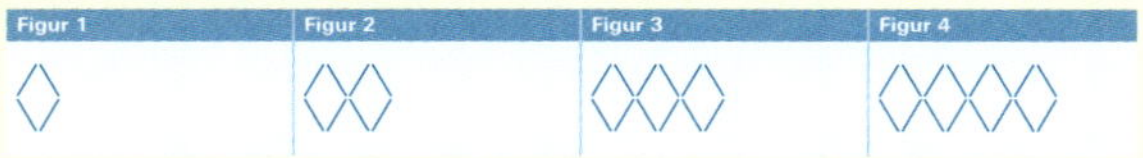

Beschreibung: Ich starte mit vier Hölzchen, bei jeder weiteren Figur kommen vier Hölzchen dazu.

Wertetabelle	Figur 1	Figur 2	Figur 3	Figur 4	Figur 5	Figur 10	Term Figur x
Anzahl Hölzchen	4	8	12	16	20	40	$4 \cdot x$

C Mögliche Figurenfolge:

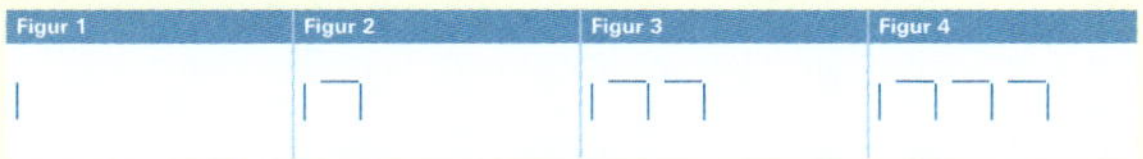

Beschreibung: Bei jeder Figur kommen zwei Hölzchen dazu, die erste Figur hat aber nur ein Hölzchen.

Wertetabelle	Figur 1	Figur 2	Figur 3	Figur 4	Figur 5	Figur 10	Term Figur x
Anzahl Hölzchen	1	3	5	7	9	19	$2 \cdot x - 1$

D Mögliche Figurenfolge:

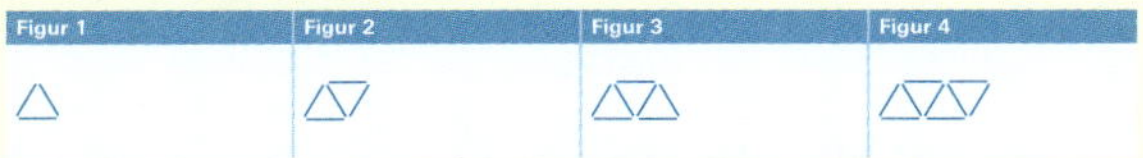

Beschreibung: Ich starte mit drei Hölzchen, bei jeder weiteren Figur kommen zwei dazu.

Wertetabelle	Figur 1	Figur 2	Figur 3	Figur 4	Figur 5	Figur 10	Term Figur x
Anzahl Hölzchen	3	5	7	9	11	21	$2 \cdot x + 1$

E Mögliche Figurenfolge:

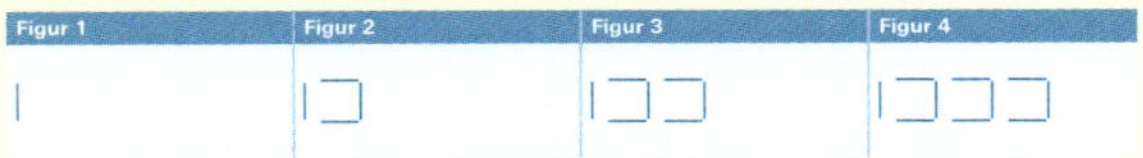

Beschreibung: Ich starte mit einem Hölzchen, bei jeder weiteren Figur kommen immer drei dazu.

Wertetabelle	Figur 1	Figur 2	Figur 3	Figur 4	Figur 5	Figur 10	Figur 20	Term Figur x
Anzahl Hölzchen	1	4	7	10	13	28	58	$3 \cdot x - 2$

F Mögliche Figurenfolge:

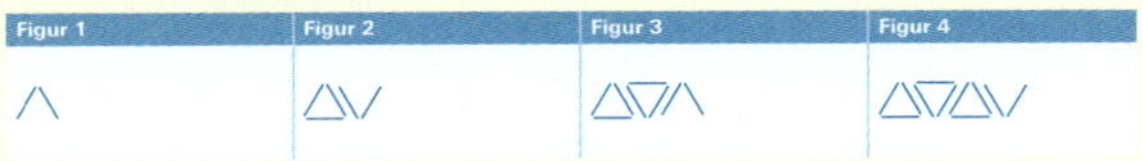

Beschreibung: Ich starte mit zwei Hölzchen, bei jeder weiteren Figur kommen immer drei dazu.

Wertetabelle	Figur 1	Figur 2	Figur 3	Figur 4	Figur 5	Figur 10	Figur 20	Term Figur x
Anzahl Hölzchen	2	5	8	11	14	29	59	$3 \cdot x - 1$

3

A

Wertetabelle	Figur 1	Figur 2	Figur 3	Figur 4	Figur 5	Figur 10	Term Figur x
Anzahl Hölzchen	2	4	6	8	10	20	$2 \cdot x$

Beschreibung: Figur 1 hat zwei Hölzchen. Bei jeder weiteren Figur kommen zwei Hölzchen dazu.

B

Wertetabelle	Figur 1	Figur 2	Figur 3	Figur 4	Figur 5	Figur 10	Term Figur x
Anzahl Hölzchen	3	6	9	12	15	30	$3 \cdot x$

Beschreibung: Figur 1 hat drei Hölzchen. Bei jeder weiteren Figur kommen drei Hölzchen dazu.

C

Wertetabelle	Figur 1	Figur 2	Figur 3	Figur 4	Figur 10	Term Figur x
Anzahl Hölzchen	4	7	10	13	31	$3 \cdot x + 1$

Beschreibung: Figur 1 hat vier Hölzchen. Bei jeder weiteren Figur kommen drei Hölzchen dazu.

D

Wertetabelle	Figur 1	Figur 2	Figur 3	Figur 4	Figur 10	Term Figur x
Anzahl Hölzchen	4	8	12	16	40	$4 \cdot x$

Beschreibung: Figur 1 hat vier Hölzchen. Bei jeder weiteren Figur kommen vier Hölzchen dazu.

E

Wertetabelle	Figur 1	Figur 2	Figur 3	Figur 4	Figur 10	Term Figur x
Anzahl Hölzchen	3	7	11	15	39	$4 \cdot x - 1$

Beschreibung: Figur 1 hat drei Hölzchen. Bei jeder weiteren Figur kommen vier Hölzchen dazu.

4

A

Wertetabelle	Figur 1	Figur 2	Figur 3	Figur 4	Figur 10	Figur 100	Term Figur x
Anzahl Hölzchen	4	8	12	16	40	400	$4 \cdot x$
Anzahl Punkte	4	7	10	13	31	301	$3 \cdot x + 1$
Anzahl Innenflächen	1	2	3	4	10	100	x

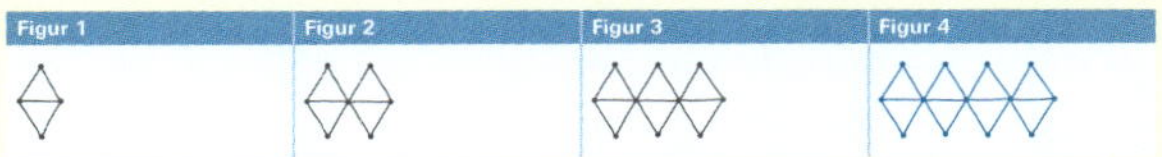

B

Wertetabelle	Figur 1	Figur 2	Figur 3	Figur 4	Figur 10	Figur 100	Term Figur x
Anzahl Hölzchen	5	10	15	20	50	500	$5 \cdot x$
Anzahl Punkte	4	7	10	13	31	301	$3 \cdot x + 1$
Anzahl Innenflächen	2	4	6	8	20	200	$2 \cdot x$

C

Wertetabelle	Figur 1	Figur 2	Figur 3	Figur 4	Figur 10	Figur 100	Term Figur x
Anzahl Hölzchen	5	12	19	26	68	698	$7 \cdot x - 2$
Anzahl Punkte	4	7	10	13	31	301	$3 \cdot x + 1$
Anzahl Innenflächen	2	6	10	14	38	398	$4 \cdot x - 2$

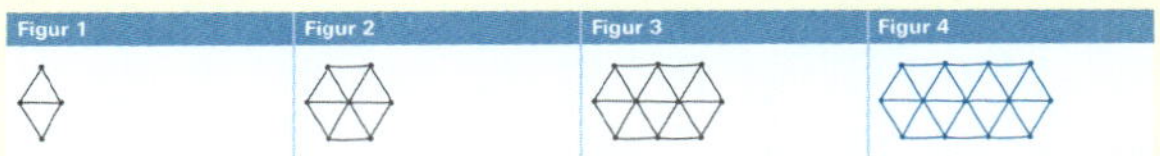

5 Individuelle Lösung

S. 43–50 11 Knack die Box

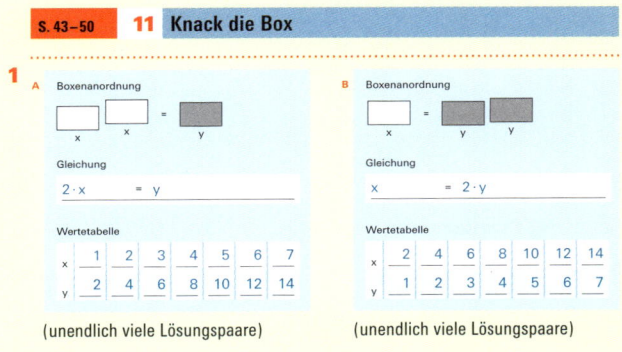

1

A Boxenanordnung

Gleichung: $2 \cdot x = y$

x	1	2	3	4	5	6	7
y	2	4	6	8	10	12	14

(unendlich viele Lösungspaare)

B Boxenanordnung

Gleichung: $x = 2 \cdot y$

x	2	4	6	8	10	12	14
y	1	2	3	4	5	6	7

(unendlich viele Lösungspaare)

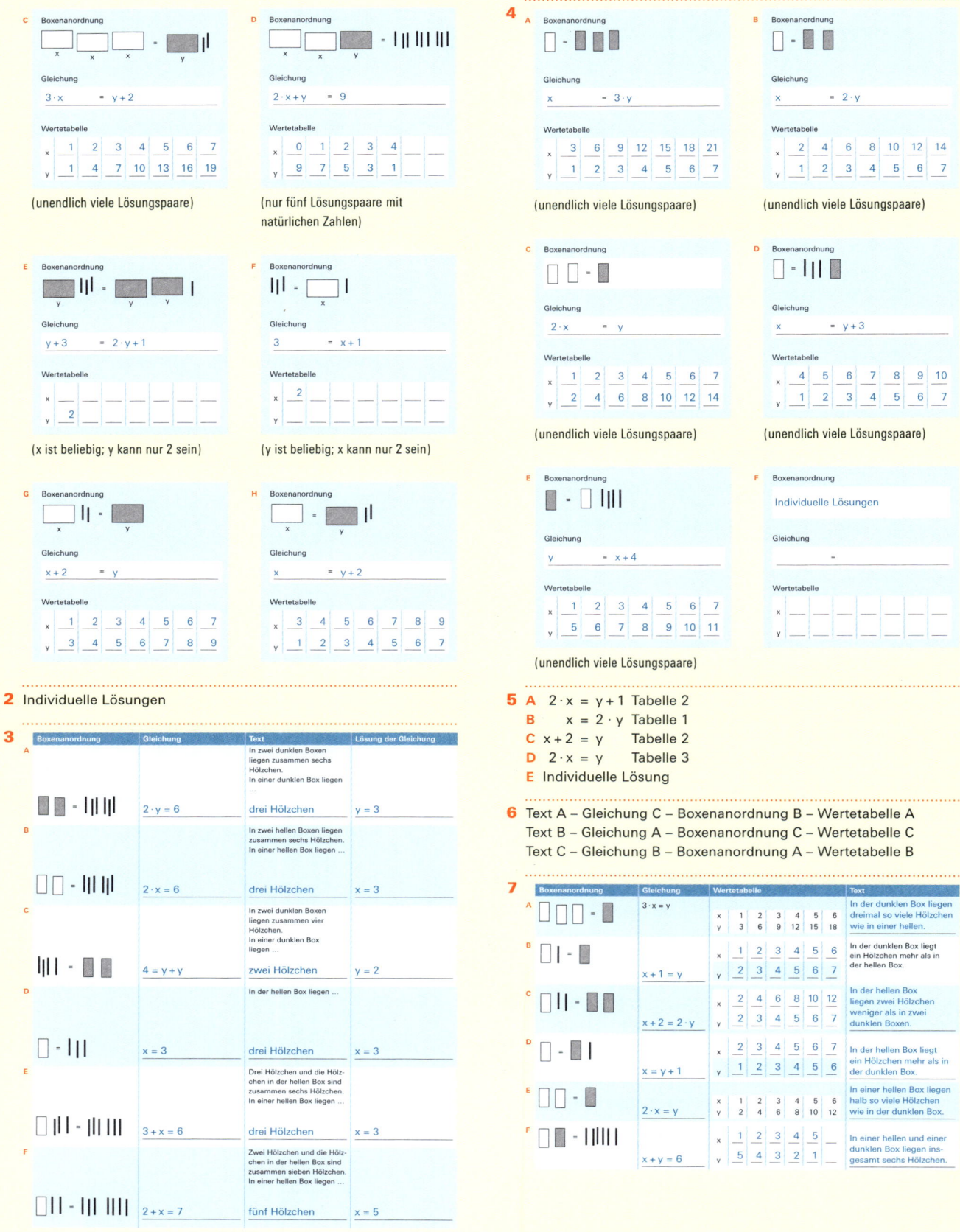

12 Parallelogramme und Dreiecke

S. 51–56

1 A, B, C

Figur 1	Rechteck u = 11,2 cm A = 6,4 cm²	Figur 2	Parallelogramm u = 16 cm A = 7,5 cm²
Figur 3	Rhombus u = 16 cm A = 14 cm²	Figur 4	Quadrat u = 12 cm A = 9 cm²
Figur 5	Viereck u = 17,6 cm	Figur 6	Trapez u = 15,5 cm
Figur 7	Drachen u = 9,6 cm		

2
A Individuelle Lösung
B Individuelle Lösung
C Individuelle Lösung
D Ein möglichst grosses Parallelogramm ist ein Quadrat mit s = 7,5 cm.
E Der Flächeninhalt ist bei gleichem Umfang am grössten, wenn es ein Quadrat ist.
Der Flächeninhalt wird sehr klein, wenn ein Winkel α möglichst klein ist.

3 Individuelle Lösung

4 B

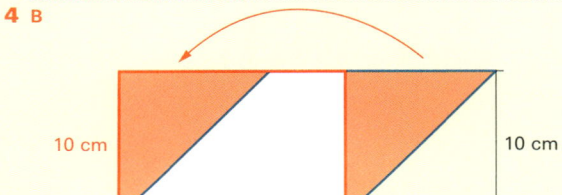

C A = 150 cm²
u = 58,2 cm

5 B Siehe Skizze: rote Pfeile
C Siehe Skizze: blauer Pfeil
D Siehe Skizze: A = a · b

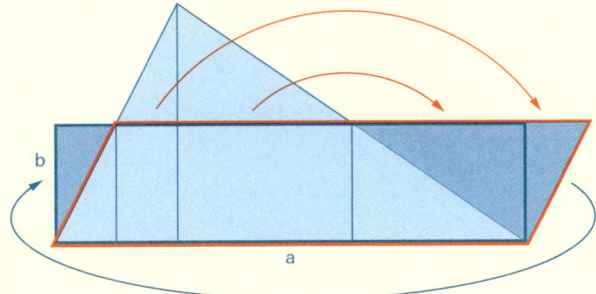

6 A Individuelle Lösung
B Individuelle Lösung
C Mögliche Antwort:
In einem Parallelogramm muss der dritte Eckwinkel (bei C) gleich gross sein wie der erste Eckwinkel (bei A). Gleichzeitig ist der vierte Eckwinkel (bei D) gleich gross wie der zweite Eckwinkel (bei B). Wenn die beiden Dreiecke, die zu einem Viereck zusammengelegt werden, nun aber verschiedene Formen (also unterschiedliche Eckwinkel) haben, kann die Gleichheit der gegenüberliegenden Winkel im Viereck nicht zustande kommen.

7 A Dreieck 1

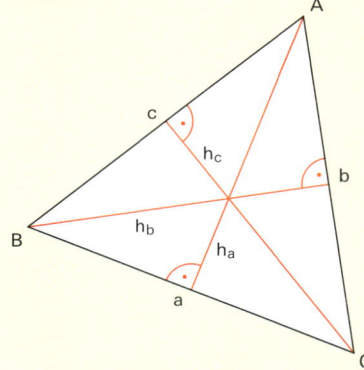

Dreieck 2

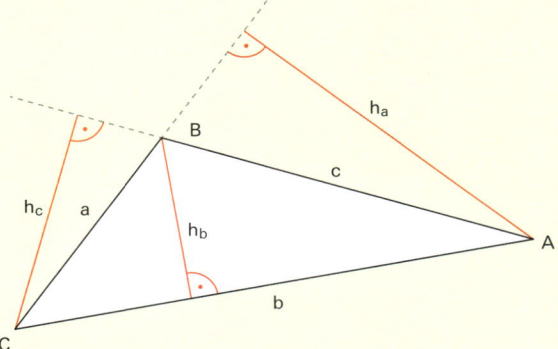

Dreieck 3

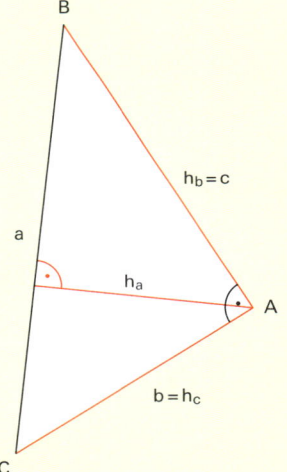

B Dreieck 1 A = 10,75 cm²
u = 15 cm
Dreieck 2 A = 9 cm²
u = 16,5 cm
Dreieck 3 A = 10 cm²
u = 15,4 cm

8 A falsch
B falsch
C wahr
D wahr

9 A $s = 7$ cm
  $A = 49$ cm²
 B $a = 3{,}5$ cm
  $u = 39$ cm
 C $h_a = 3{,}33$ cm
 D $h_b = 5$ cm
 E $a = 6$ cm

10 A Individuelle Lösung
 B Figur 1 $A \approx 7$ cm²
  Figur 2 $A = 16$ cm²
  Figur 3 $A = 16$ cm²
  Figur 4 $A \approx 25$ cm²
  Figur 5 $A \approx 12$ cm²
  Figur 6 $A = 16$ cm²
  Figur 7 $A \approx 14{,}5$ cm²
  Figur 8 $A = 6$ cm²

S. 57–60 **13 Mit Würfeln Quader bauen**

1 A $1\,000$ dm³
 B $1\,000$ cm³
 C $1\,000\,000$ cm³
 D $1\,000\,000$ mm³

2 Individuelle Lösungen

3 A 1 cm   C 100 cm   E 50 cm
 B 10 cm   D 20 cm   F 8 cm

4

Kantenlänge [cm]	1	2	3	4	5	6	7	8	9	10
S [cm²]	6	24	54	96	150	216	294	384	486	600
V [cm³]	1	8	27	64	125	216	343	512	729	1000
V [dm³]	0,001	0,008	0,027	0,064	0,125	0,216	0,343	0,512	0,729	1

5 A 445 cm³ = 0,445 dm³
 B 1 006 cm³ = 1,006 dm³
 C 1 186 cm³ = 1,186 dm³

6 Mögliche Lösungen:
 A $S = 88$ cm²
  $V = 48$ cm³

 B $a = 9$ cm
  $b = 2$ cm
  $c = 4$ cm
  $S = 124$ cm²
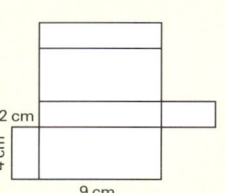

 C $a = 8$ cm
  $b = 3$ cm
  $c = 3$ cm
  $S = 114$ cm²
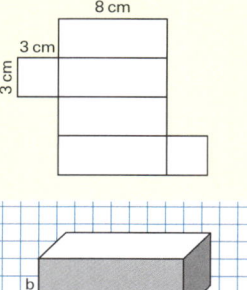

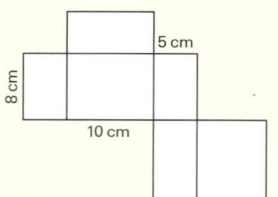

 D $a = 5$ cm
  $b = 10$ cm
  $S = 340$ cm²
  $V = 400$ cm³

 E $a = 2$ cm
  $b = 3$ cm
  $c = 4$ cm
  $S = 52$ cm²
  $V = 24$ cm³

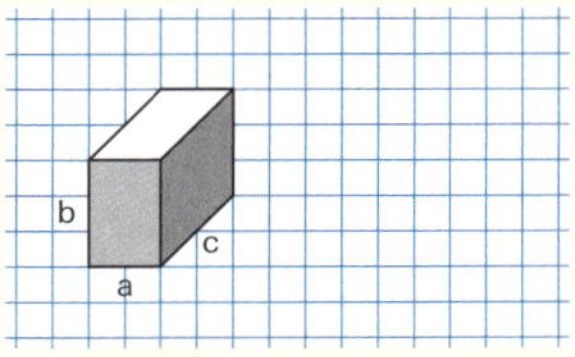

7 A
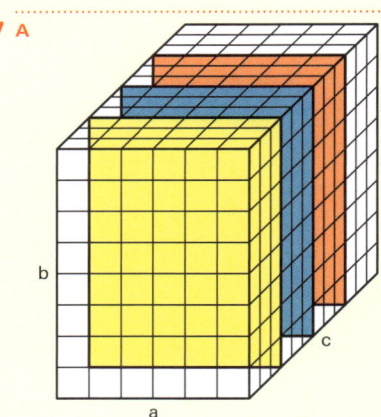

 B
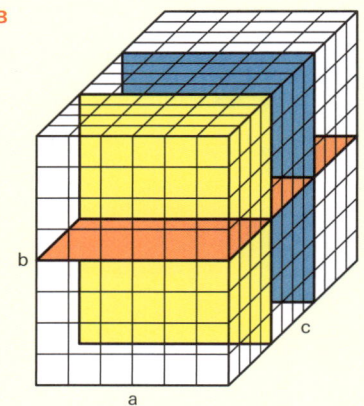

 C
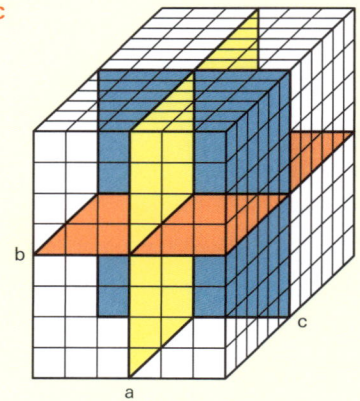

8

blauer Würfel Kantenlänge [cm]	Anzahl kleine Würfel (s = 2 cm) mit drei blauen Flächen	mit zwei blauen Flächen	mit einer blauen Fläche	ohne blaue Flächen	Total
4	8	0	0	0	8
6	8	12	6	1	27
8	8	24	24	8	64
10	8	36	54	27	125

9 A 16 verschiedene Quader
 B mit 60 Würfeln
 C mit 2, 3, 5, … (Primzahlen)

10

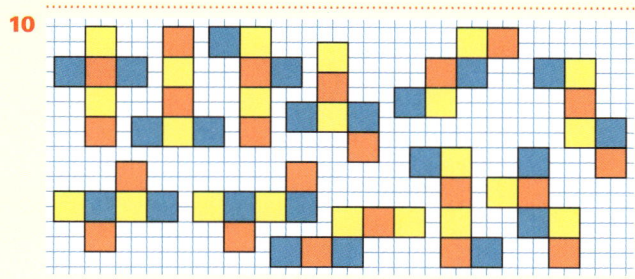

11 A
$V_1 = 4 \cdot 4 \cdot 4 = 64$ $V_4 = 2 \cdot 4 \cdot 8 = 64$
$V_2 = 4 \cdot 4 \cdot \frac{8}{2} = 64$ $V_5 = 4 \cdot 4 \cdot \frac{8}{2} = 64$
$V_3 = 2 \cdot 2 \cdot 16 = 64$ $V_6 = 2 \cdot 4 \cdot \frac{16}{2} = 64$

B Mögliche Lösung:

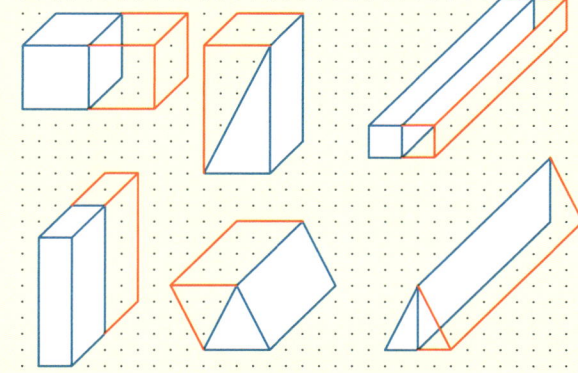

S. 61–62 **14 Wasserstand und andere Graphen**

1 Graph A gehört zu Gefäss 3
Graph B gehört zu Gefäss 6
Graph C gehört zu Gefäss 2
Graph D gehört zu Gefäss 5
Graph E gehört zu Gefäss 1
Graph F gehört zu Gefäss 4

2 Gefäss 1 gehört zu Graph B
Gefäss 2 gehört zu Graph A
Gefäss 3 gehört zu Graph C

3 Mögliche Lösungen:
Graph A: «Zuerst bin ich schnell gelaufen. Dann habe ich auf die Uhr geschaut und gesehen, dass ich noch genug Zeit habe. So konnte ich die zweite Hälfte des Wegs gemütlich gehen.»

Graph B: «Ich habe gemütlich angefangen zu laufen und bin dann immer schneller geworden, weil die Zeit knapp geworden ist.»

Graph C: «Ich bin losgelaufen, habe dann aber gemerkt, dass ich mein Turnzeug zuhause vergessen hatte. So musste ich noch einmal zurück und danach sehr schnell laufen, um noch rechtzeitig anzukommen.»

S. 63–66 **15 Kosten berechnen**

1

Joghurts							
Anzahl Joghurts	5	12	60	108	105	100	x
Preis [CHF]	2.50	6.00	30.00	54.00	52.50	50.00	x · 0.5

Nylonseil							
Länge [m]	3,50	7	10	21	10	100	x
Preis [CHF]	14.70	29.40	42.00	88.20	42.00	420.00	x · _____

Flaschenpreise							
Anzahl Flaschen	6	1	12	20	40	100	x
Preis [CHF]	8.40	1.40	16.80	28.00	56.00	140.00	x · _____

2

Robert			Lukas			Regula	
Menge [g]	Wert [CHF]		Menge [g]	Wert [CHF]		Menge [g]	Wert [CHF]
250	1.80		250	1.80		250	1.80
500	3.60		500	3.60		1250	9.00
50	0.36		50	0.36		50	0.36
100	0.72		1250	9.00		1300	9.36
300	2.16		1300	9.36			
1300	9.36						

3 Situation A
250 g kosten 8.75 €
370 g kosten 12.95 €

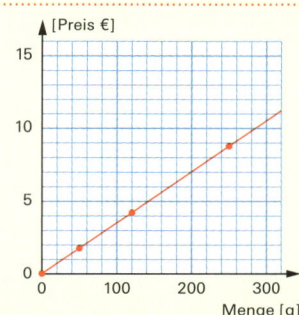

Situation B
30.00 €/kg erhält man 500 g
40.00 €/kg erhält man 375 g

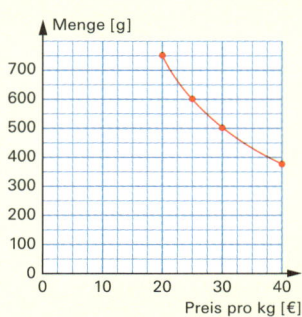

Situation C
30.00 €/kg bezahlt man 45.00 €
40.00 €/kg bezahlt man 60.00 €

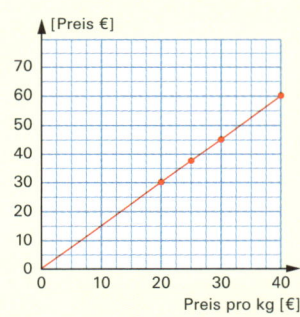

4 A
Situation 1: Tabelle 4 Gleichung 3 Graph 1 ja
Situation 2: Tabelle 2 Gleichung 1 Graph 3 nein
Situation 3: Tabelle 3 Gleichung 2 Graph 4 ja
Situation 4: Tabelle 1 Gleichung 4 Graph 2 nein

B Mögliche Lösungen:

Tabelle 1

10	20
41.00	81.00

Tabelle 2

1.00	20.00
20	1

Tabelle 3

20	1
70.00	3.50

Tabelle 4

1.00	10.00
10.00	100.00

5 A
Situation 1:	Tabelle 1	Gleichung 3	Graph 2	ja
Situation 2:	Tabelle 3	Gleichung 1	Graph 4	nein
Situation 3:	Tabelle 2	Gleichung 2	Graph 1	ja
Situation 4:	Tabelle 4	Gleichung 4	Graph 3	nein

B Mögliche Lösungen:

Tabelle 1
100.00	500.00
125.00	625.00

Tabelle 3
1.25	1.30
160.00	153.85

Tabelle 2
1.20	1.25
240.00	250.00

Tabelle 4
90.00	180.00
135.00	234.00

6 Mögliche Lösung:

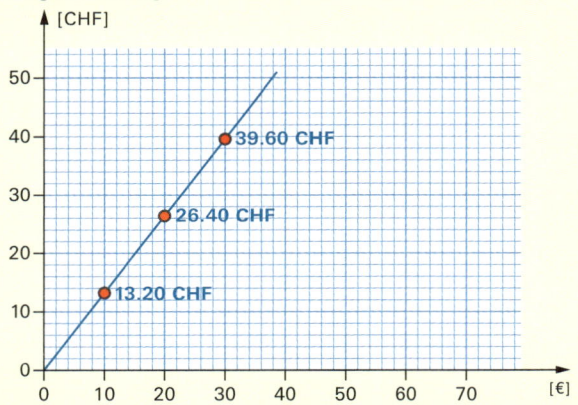

7 A Möglich: Beide Belege beruhen auf einem Kurs von 1.410 CHF/EUR.
B Möglich: Vermutlich liegt ein Preis von 4.65 CHF/kg zugrunde. Wenn die Preise auf 5 Rappen gerundet werden, sind beide Preise korrekt berechnet.
C Möglich: Innert 2 Jahren könnte sich der Kurs durchaus von 1.37 CHF/EUR auf 1.19 CHF/EUR verändert haben.
D Möglich: Wenn man annimmt, dass auch die Metallpreise auf das Zehnfache angestiegen sind, würde sich das unter Umständen lohnen. Als in Italien noch mit Lira gezahlt wurde, ist das tatsächlich auch mehrmals passiert und hat damals zu einem Mangel an kleinen Münzen geführt!

S. 67–70   16   Wie viel ist viel?

2 A 10 cm
B 100 m
C 100 km
D 100 000 km

3 A um 6 Millionen pro Monat
um 200 000 pro Tag
um 150 pro Minute
B Es gibt weder eine Beschleunigung noch eine Verlangsamung. Die Bevölkerungszunahme ist konstant.

4 A Die Reihe würde fast viermal um die Erde reichen. Wenn jeder US-Amerikaner 50 cm bräuchte, ergäbe sich eine Reihe von 155 000 km.
B fast 100 Mal
C Wenn man annimmt, dass auf einem Quadratmeter vier Personen draufpassen, wäre eine Fläche von 1 750 km² nötig. Die Fläche des Bodensees reicht also nicht.

5 A 11 d 13 h 46 $\frac{2}{3}$ min
B 104 d 4 h 1 s
C über 30 000 Jahre
D Individuelle Lösung

6 A 12 Jahre: ca. 378 Millionen Sekunden
B ca. 30 000 Jahre, also nein

7 10^6
10^6
10^{12}
10^8
10^{11}
10^9
10^{10}
10^8
10^7
10^{12}

8
	1 dazuzählen	100 dazuzählen	1 000 dazuzählen
	987 654 32**①**	987 654 **③**21	987 6**④**4 321
	999 000 **⓪**999	9 99**⑧** 900	9 99**⑧** 900
	⑨⑨⑨ ⑨⑨⑨ ⑨⑨⑨	9 9**⑧⑨** 999	9 9**⑧⑨** 999
	9 999 **⑧⑨⑨**	9 **⑧⑨⑨** 999	9 **⑧⑨⑨** 999
	9 998 **⓪⓪⓪**	**⑧⓪⓪⓪** 999	**⑧⓪⓪⓪** 999
	9 9**⑧⑨**⓪⓪⓪	9 **⑧⑨**⓪ 999	9 **⑧⑨**⓪ 000
	9 89**⓪** ⓪⓪⓪	9 88**⑧** 999	9 88**⑧** 000

9 A   5 500
50 500
500 500
500 000 500
500 000 000 500

B   500
55
550
500 500 000
500 000 500 000

10 A … 999 940   999 910   999 880   999 850   999 820   999 790
B … 999 200   998 800   998 400   998 000   997 600   997 200
C … 994 000   988 000   982 000   976 000   970 000   964 000

11 A

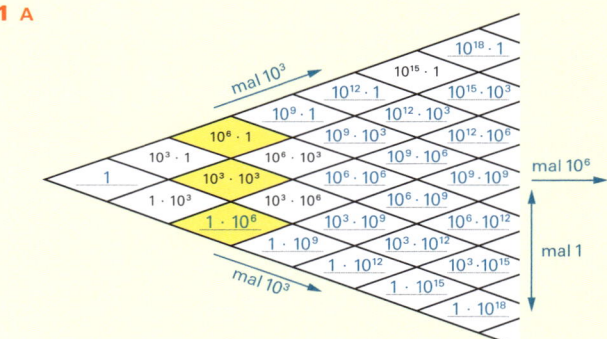

S. 71–76   17   Operieren mit Brüchen

1

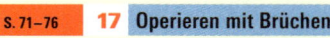

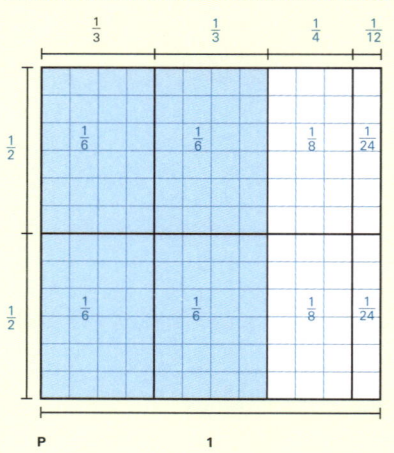

mathbuch – Lösungen zum Arbeitsheft 1   15

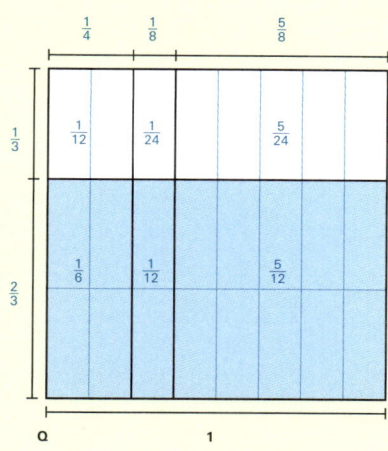

2 Mögliche Lösung:

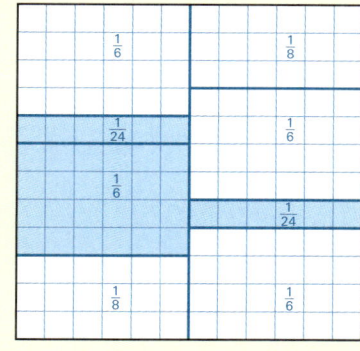

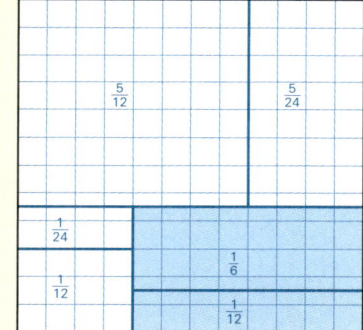

3 A $\frac{1}{3} \cdot \frac{1}{4} = \frac{1}{12}$

$\frac{1}{3}$ der Länge mal $\frac{1}{4}$ der Breite ergibt $\frac{1}{12}$ der Fläche.

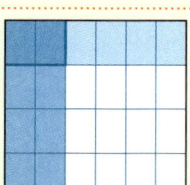

B $\frac{2}{3} \cdot \frac{1}{4} = \frac{2}{12} = \frac{1}{6}$

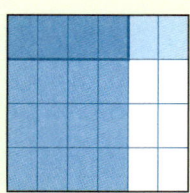

C $\frac{2}{3} \cdot \frac{3}{4} = \frac{6}{12} = \frac{1}{2}$

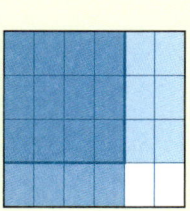

D $\frac{5}{6} \cdot \frac{3}{4} = \frac{15}{24} = \frac{5}{8}$

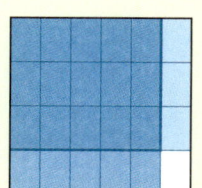

4 A
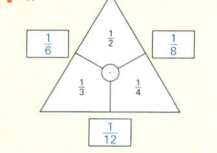  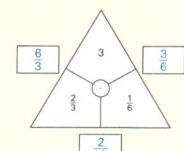

B
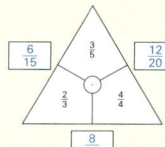 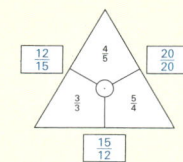

(zweite Reihe B fortgesetzt)

C
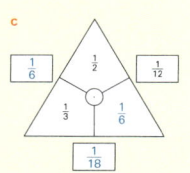 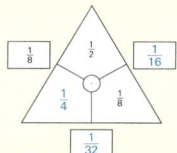 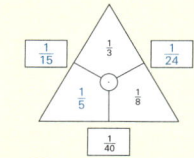

D
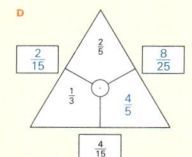 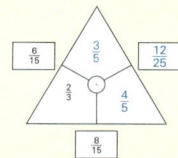 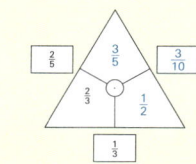

E
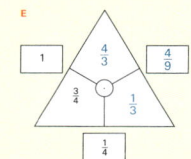 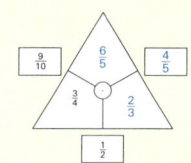

5 A

·	$\frac{1}{2}$	$\frac{2}{3}$	$\frac{3}{4}$	$\frac{4}{5}$
$\frac{1}{2}$	$\frac{1}{4}$	$\frac{1}{3}$	$\frac{3}{8}$	$\frac{2}{5}$
$\frac{2}{3}$	$\frac{1}{3}$	$\frac{4}{9}$	$\frac{1}{2}$	$\frac{8}{15}$
$\frac{3}{4}$	$\frac{3}{8}$	$\frac{1}{2}$	$\frac{9}{16}$	$\frac{3}{5}$
$\frac{4}{5}$	$\frac{2}{5}$	$\frac{8}{15}$	$\frac{3}{5}$	$\frac{16}{25}$

B Individuelle Lösung

6

A	B	C	D	E
$\frac{1}{4}$	$\frac{1}{6}$	$\frac{1}{3}$	$\frac{1}{2}$	$\frac{3}{16}$
$\frac{1}{6}$	$\frac{1}{9}$	$\frac{3}{8}$	$\frac{9}{16}$	$\frac{1}{4}$
$\frac{1}{8}$	$\frac{1}{12}$	$\frac{2}{9}$	$\frac{3}{5}$	$\frac{9}{32}$
$\frac{1}{10}$	$\frac{1}{15}$	$\frac{1}{4}$	$\frac{5}{8}$	$\frac{3}{10}$
$\frac{1}{12}$	$\frac{1}{24}$	$\frac{1}{6}$	$\frac{8}{15}$	$\frac{3}{25}$
$\frac{1}{16}$	$\frac{1}{32}$	$\frac{3}{16}$	$\frac{3}{5}$	$\frac{6}{25}$
$\frac{1}{20}$	$\frac{1}{40}$	$\frac{1}{9}$	$\frac{16}{25}$	$\frac{1}{4}$
$\frac{1}{24}$	$\frac{1}{48}$	$\frac{1}{8}$	$\frac{2}{3}$	$\frac{1}{8}$

7
A 2
8
$\frac{1}{4}$
$\frac{7}{6}$

B 8
$\frac{7}{2}$
$\frac{35}{16}$
2

C $\frac{9}{4}$
$\frac{8}{3}$
$\frac{5}{4}$
$\frac{11}{10}$

8

·	$\frac{2}{3}$	$\frac{2}{5}$	$\frac{5}{8}$	$\frac{9}{10}$
$\frac{3}{4}$	$\frac{1}{2}$	$\frac{3}{10}$	$\frac{15}{32}$	$\frac{27}{40}$
$\frac{3}{5}$	$\frac{2}{5}$	$\frac{6}{25}$	$\frac{3}{8}$	$\frac{27}{50}$
$\frac{1}{3}$	$\frac{2}{9}$	$\frac{2}{15}$	$\frac{5}{24}$	$\frac{3}{10}$
$\frac{3}{10}$	$\frac{1}{5}$	$\frac{3}{25}$	$\frac{3}{16}$	$\frac{27}{100}$

9 A

+	$\frac{1}{2}$	$\frac{1}{3}$	$\frac{1}{4}$	$\frac{1}{5}$
$\frac{1}{2}$	1	$\frac{5}{6}$	$\frac{3}{4}$	$\frac{7}{10}$
$\frac{2}{3}$	$\frac{7}{6}$	1	$\frac{11}{12}$	$\frac{13}{15}$
$\frac{3}{4}$	$\frac{5}{4}$	$\frac{13}{12}$	1	$\frac{19}{20}$
$\frac{4}{5}$	$\frac{13}{10}$	$\frac{17}{15}$	$\frac{21}{20}$	1

B

+	$\frac{3}{5}$	$\frac{2}{5}$	$\frac{1}{5}$	$\frac{1}{10}$
$\frac{1}{2}$	$\frac{11}{10}$	$\frac{9}{10}$	$\frac{7}{10}$	$\frac{3}{5}$
$\frac{3}{10}$	$\frac{9}{10}$	$\frac{7}{10}$	$\frac{1}{2}$	$\frac{2}{5}$
$\frac{1}{10}$	$\frac{7}{10}$	$\frac{1}{2}$	$\frac{3}{10}$	$\frac{1}{5}$
$\frac{1}{20}$	$\frac{13}{20}$	$\frac{9}{20}$	$\frac{1}{4}$	$\frac{3}{20}$

10

+	$\frac{1}{3}$	$\frac{2}{3}$	$\frac{2}{9}$	$\frac{5}{12}$
$\frac{1}{4}$	$\frac{7}{12}$	$\frac{11}{12}$	$\frac{17}{36}$	$\frac{2}{3}$
$\frac{2}{15}$	$\frac{7}{15}$	$\frac{4}{5}$	$\frac{16}{45}$	$\frac{11}{20}$
$\frac{1}{9}$	$\frac{4}{9}$	$\frac{7}{9}$	$\frac{1}{3}$	$\frac{19}{36}$
$\frac{7}{12}$	$\frac{11}{12}$	$\frac{5}{4}$	$\frac{29}{36}$	1

11
A $\frac{1}{6}$
$\frac{1}{4}$
$\frac{3}{10}$
$\frac{1}{3}$
$\frac{3}{8}$
$\frac{2}{5}$
$\frac{9}{20}$
$\frac{49}{100}$

B $\frac{1}{4}$
$\frac{5}{12}$
$\frac{1}{2}$
$\frac{11}{20}$
$\frac{7}{12}$
$\frac{5}{8}$
$\frac{13}{20}$
$\frac{7}{10}$

C $\frac{1}{6}$
$\frac{1}{3}$
$\frac{5}{12}$
$\frac{7}{15}$
$\frac{1}{2}$
$\frac{13}{24}$
$\frac{5}{9}$
$\frac{7}{12}$

12 Mögliche Lösungen:
A
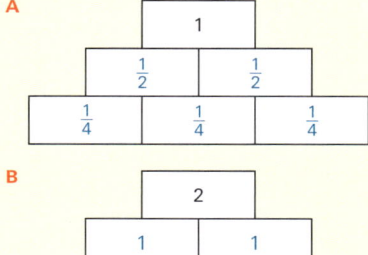

B

C
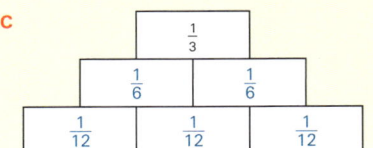

S. 77–80 18 Prozente

1
A Individuelle Lösung
B Bei 60 % muss das Wort 5 (oder 10) Buchstaben haben, wovon 3 (oder 6) gleich sind. Bei 66 $\frac{2}{3}$ % muss das Wort 3 (oder 6) Buchstaben haben, wovon 2 (oder 4) gleich sind. Letztere gibt es häufiger (z. B. See, nun, nennen).
C Das müsste ein Wort mit 10 (oder 20) Buchstaben sein, wovon 7 (oder 14) ein «e» wären.
D 30 %: 10, 20, 30, … Buchstaben
37,5 %: 8, 16, 24, … Buchstaben
E 40 %, 33,3 %, 25 %, 20 %

2
A

Prozentsatz (gerundet)	100 %	75 %	60 %	50 %	20 %	10 %	5 %
Anzahl Buchstaben	331	248	199	166	66	33	17

B

Prozentsatz (gerundet)	100 %	75 %	60 %	50 %	20 %	10 %	5 %
Anzahl Buchstaben	277	208	166	139	55	28	14

3 A, B

Bahrain	Grönland	Japan	Österreich
rot: ca. 75 %	rot: 50 %	rot: ca. 15 %	rot: 67 %
weiss: ca. 25 %	weiss: 50 %	weiss: ca. 85 %	weiss: 33 %

Dänemark	Polen	Kanada	Schweiz
rot: ca. 65 %	rot: 50 %	rot: ca. 62 %	rot: ca. 67 %
weiss: ca. 35 %	weiss: 50 %	weiss: ca. 38 %	weiss: ca. 33 %

C Individuelle Lösung

4

Bulgarien	Italien	Burundi	Madagaskar	Malediven
rot: 33 %	rot: 33 %	rot: ca. 33 %	rot: ca. 33 %	rot: ca. 64 %
weiss: 33 %	weiss: 33 %	weiss: ca. 33 %	weiss: ca. 33 %	weiss: ca. 4 %
grün: 33 %	grün: 33 %	grün: ca. 33 %	grün: ca. 33 %	grün: ca. 32 %

5 Individuelle Lösungen

6 Genaue Lösungen:
A 420
B 159,66
C 2 980
D 209,3
E 64,9
F 11 775,7

7 Genaue Lösungen:
A 17,89 %
B 16,25 %
C 70,88 %
D 1,02 %
E 2,10 %
F 2 %

mathbuch – Lösungen zum Arbeitsheft 1

8 Genaue Lösungen:
A 2 000
B 1,14
C 394
D 250
E 95 467
F 20 204

9 Individuelle Lösungen

10

A	Gewicht	50 kg	20 kg	1 kg	3 kg	120 kg	20 g	22,5 kg	350 g
	Anteil in %	100%	40%	2%	6%	240%	0,04%	45%	0,7%
B	Inhalt	800 ml	300 ml	1 l	2 l	1 ml	10 l	5 ml	2,5 ml
	Anteil in %	40%	15%	50%	100%	0,05%	500%	0,25%	0,125%
C	Anteil in %	20%	22,7%	0,2%	4%	0,05%	0,002%	58%	99,9%
	Betrag	88 Fr.	100 Fr.	1 Fr.	17,60 Fr.	20 Rp.	1 Rp.	255 Fr.	439,56 Fr.

11 A

$\frac{1}{1} = 1 : 1 = 1 = \frac{100}{100} = 100\%$

$\frac{1}{2} = 1 : 2 = 0,5 = \frac{50}{100} = 50\%$

$\frac{1}{3} = 1 : 3 = 0,333\ldots = \frac{33,3}{100} \approx 33,3\%$; $\frac{2}{3} = 2 : 3 = 0,666\ldots = \frac{66,6}{100} \approx 66,7\%$

$\frac{1}{4} = 1 : 4 = 0,25 = \frac{25}{100} = 25\%$; $\frac{3}{4} = 3 : 4 = 0,75 = \frac{75}{100} = 75\%$

$\frac{1}{5} = 1 : 5 = 0,20 = \frac{20}{100} = 20\%$; $\frac{2}{5} = 2 : 5 = 0,40 = \frac{40}{100} = 40\%$

$\frac{1}{6} = 1 : 6 = 0,166\ldots = \frac{14,6}{100} \approx 16,7\%$; $\frac{5}{6} = 5 : 6 = 0,833\ldots = \frac{83,3}{100} \approx 83,3\%$

$\frac{1}{7} = 1 : 7 = 0,142857\ldots \approx \frac{14,3}{100} \approx 14,3\%$; $\frac{2}{7} = 2 : 7 = 0,285714\ldots \approx \frac{28,6}{100} \approx 28,6\%$

$\frac{1}{8} = 1 : 8 = 0,125 = \frac{125}{1000} = 12,5\%$; $\frac{3}{8} = 3 : 8 = 0,375 = \frac{375}{1000} = 37,5\%$

$\frac{1}{9} = 1 : 9 = 0,111\ldots = \frac{11,1}{100} \approx 11,1\%$; $\frac{2}{9} = 2 : 9 = 0,222\ldots = \frac{22,2}{100} \approx 22,2\%$

$\frac{1}{10} = 1 : 10 = 0,10 = \frac{10}{100} = 10\%$; $\frac{3}{10} = 3 : 10 = 0,30 = \frac{30}{100} = 30\%$

$\frac{1}{12} = 1 : 12 = 0,0833\ldots \approx \frac{8,3}{100} \approx 8,3\%$; $\frac{7}{12} = 7 : 12 = 0,5833\ldots \approx \frac{58,3}{100} \approx 58,3\%$

$\frac{1}{20} = 1 : 20 = 0,05 = \frac{5}{100} = 5\%$; $\frac{3}{20} = 3 : 20 = 0,15 = \frac{15}{100} = 15\%$

$\frac{1}{25} = 1 : 25 = 0,04 = \frac{4}{100} = 4\%$; $\frac{2}{25} = 2 : 25 = 0,08 = \frac{8}{100} = 8\%$

12

A

Dezimalbruch	Bruch	Prozent
0,1	$\frac{1}{10}$	10%
0,125	$\frac{1}{8}$	12,5%
0,2	$\frac{1}{5}$	20%
0,12	$\frac{12}{100}$	12%
0,6	$\frac{3}{5}$	60%
0,28	$\frac{28}{100}$	28%

B

Dezimalbruch	Bruch	Prozent
0,45	$\frac{45}{100}$	45%
0,8	$\frac{4}{5}$	80%
0,99	$\frac{99}{100}$	99%
1,0	$\frac{100}{100}$	100%
$0,\overline{16}$	$\frac{1}{6}$	$16,\overline{6}\%$
1,25	$\frac{125}{100}$	125%

13 A $\frac{50}{2} > 2,5 > 25\% = \frac{50}{200} = \frac{1}{4} = \frac{5}{20} = 0,25 > 2,5\% > 0,0025$

B $\frac{25}{2} > \frac{250}{200} = 125\% > \frac{2}{8} > 0,125 = \frac{2}{16} > \frac{125}{10\,000} = 1,25\% > \frac{1}{8}\%$

C $\frac{6}{4} > 66,7\% > \frac{200}{300} > \frac{2}{3} > 66,6\% = 0,666 > 66\% > 0,6 > \frac{1}{8}\%$

S. 81–86 **19 Summen und Produkte**

1 A
55 + 98 = (53 + 2) + 98 = 53 + (2 + 98) = 53 + 100 = 153
104 + 345 = (100 + 4) + 345 = 100 + (4 + 345) = 100 + 349 = 449
190 + 750 = (200 − 10) + 750 = (200 + 750) − 10 = 950 − 10 = 940
980 + 75 = (1000 − 20) + 75 = (1000 + 75) − 20 = 1 075 − 20 = 1 055

B Dass es funktioniert, beruht auf der Gültigkeit des Kommutativgesetzes und des Assoziativgesetzes: man darf Summanden vertauschen, man darf bei drei Summanden die Klammern setzen, wie man will. Dies alles gilt auch für negative Summanden, zum Beispiel ist (−10 + 750) das Gleiche wie (+750 − 10).

C Beispiel:
895 + 99 = (900 − 5) + (100 − 1) = (900 + 100) − 5 − 1 = 1 000 − 6 = 994

2 A
596 − 297 = (596 + 4) − (297 + 4) = 600 − 301 = 299
604 − 560 = (604 − 4) − (560 − 4) = 600 − 554 = 46
907 − 109 = (907 − 9) − (109 − 9) = 898 − 100 = 798
884 − 689 = (884 + 11) − (689 + 11) = 895 − 700 = 195

B Wenn man in einer Subtraktion den Minuenden und den Subtrahenden um die gleiche Zahl vergrössert oder verkleinert, bleibt das Resultat gleich:
(a + y) − (b + y) = a − b
(a − z) − (b − z) = a − b

C Beispiele:
1 005 − 597 = (1 005 + 3) − (597 + 3) = 1 008 − 600 = 408
(je 3 addiert)
1 005 − 597 = (1 005 − 5) − (597 − 5) = 1 000 − 592 = 408
(je 5 subtrahiert)

3 A Umformung 1 ist falsch
B Umformung 2 ist falsch
C Umformung 3 ist falsch
D Umformung 2 ist falsch
E Umformung 1 ist falsch
F Umformung 3 ist falsch
G Umformung 3 ist falsch

4 A 3r + 2s   B 3a + 2b
5r + 3s   25a + 21b
7r + 4s   7a + 4b
15r + 7s   12a + 14b

5 A (36 + 4) + (15 + 305) = 40 + 320 = 360
      (a + c) + (b + d)

B (37 + 13) + (26 + 304) = 50 + 330 = 380
  (a + c) + (b + d)

C (37 + 303) + (38 + 102) = 340 + 140 = 480
  (b + d) + (a + c)

D (205 + 205) + (101 + 101) + 188 = 410 + (202 + 188) = 410 + 390 = 800
       2b +   2a   + c

E (215 + 215) + (202 + 168) + 202 = 430 + (370 + 202) = 430 + 572 = 1 002
       2b +   (a + c)   + a

F (225 + 225) + (303 + 303) + 148 = 450 + (606 + 148) = 450 + 754 = 1 204
       2b +   2a   + c

6 A 16x + 13y + 12z
B 13x + 10y + 7z
C 10x + 7y + 4z
D 7x + 4y + 2z

7 A 12a + 13b + 3c
B 14a + 16b + 5c
C 14a + 15b + 9c
D 19a + 14b + 13c

8 A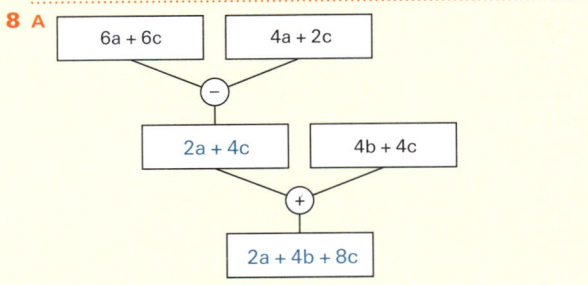

B 456

9 A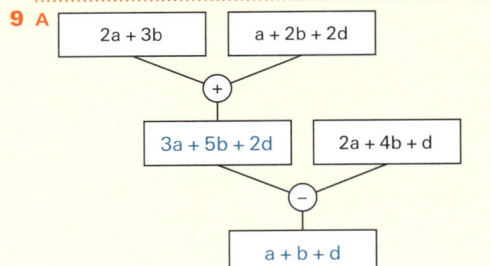

B Individuelle Lösung

10 A Bei beiden Varianten ist die Zahl im Deckstein 44.
Zusätzliche individuelle Lösungen

B Die Zahl im Deckstein hat den Wert $4 \cdot x + 4 \cdot y = 4 \cdot (x + y)$.
Diese Zahl ist immer durch 4 teilbar.

11
$a \cdot c = ac$
$b \cdot c = bc$
$a \cdot d = ad$
$b \cdot d = bd$
$c(a + b) = ac + bc$
$d(a + b) = ad + bd$
$a(c + d) = ac + ad$
$b(c + d) = bc + bd$
$(a + b) \cdot (c + d) = ac + ad + bc + bd$

12 A $2b(a + b)$
B $b(a + 2b)$
C $b(a + b + c)$
D $a(b + c) + b(b + c) = (a + b) \cdot (b + c)$

13 A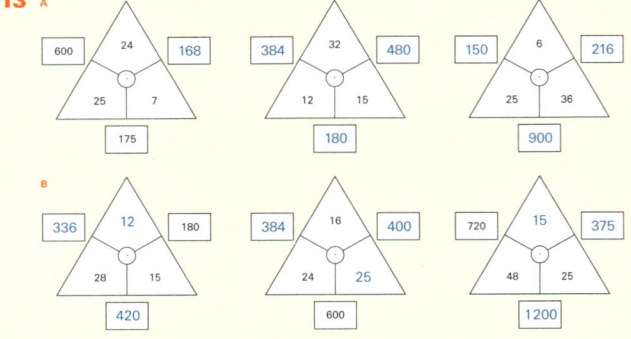

B

14 A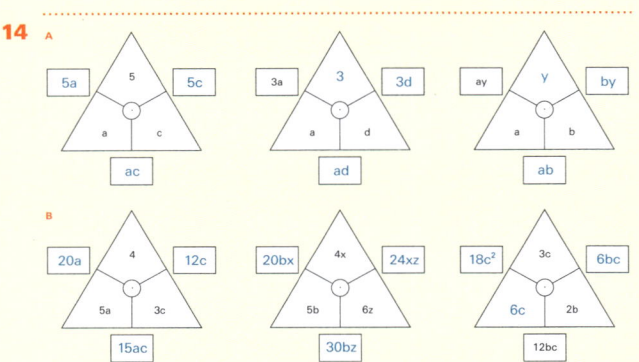

B

15

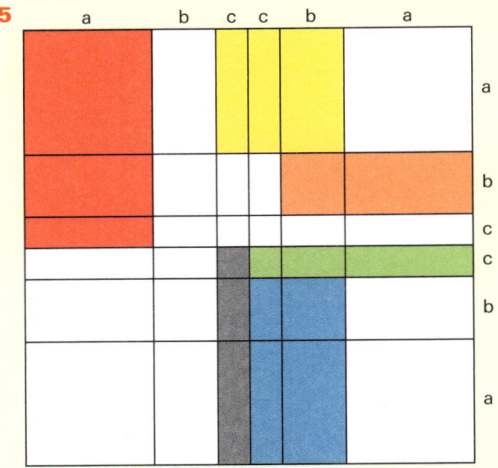

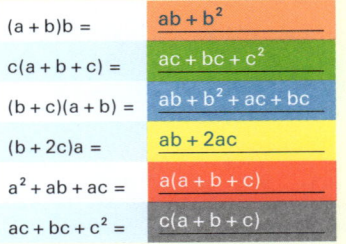

$(a + b)b = ab + b^2$
$c(a + b + c) = ac + bc + c^2$
$(b + c)(a + b) = ab + b^2 + ac + bc$
$(b + 2c)a = ab + 2ac$
$a^2 + ab + ac = a(a + b + c)$
$ac + bc + c^2 = c(a + b + c)$

16 Individuelle Lösungen

17
$5a = 5 \cdot a$
$10a = 5 \cdot 2a$
$2x^2 = x \cdot 2x$
$2a^2 = a \cdot 2a$
$2a^2 + 4a = 2a \cdot (a + 2)$
$ax + 2x = x \cdot (a + 2)$
$2ax + 4x^2 = 2x \cdot (a + 2x)$
$a^2 + 2a = a \cdot (a + 2)$
$ax = a \cdot x$
$5x = 5 \cdot x$
$10x = 5 \cdot 2x$
$10a + 5x = 5 \cdot (2a + x)$
$2ax = x \cdot 2a$ oder $a \cdot 2x$
$4ax = 2x \cdot 2a$
$2ax + 4x = 2x \cdot (a + 2)$
$5a + 10x = 5 \cdot (a + 2x)$
$a^2 + 2ax = a \cdot (a + 2x)$
$ax + 2x^2 = x \cdot (a + 2x)$
$2ax + x^2 = x \cdot (2a + x)$
$2a^2 + ax = a \cdot (2a + x)$
$10a + 5x = 5 \cdot (2a + x)$
$4ax + 2x^2 = 2x \cdot (2a + x)$
$5a + 10 = 5 \cdot (a + 2)$
$2a^2 + 4ax = 2a \cdot (a + 2x)$
$4a^2 + 2ax = 2a \cdot (2a + x)$
$2a^2 + ax + 4a + 2x = (2a + x) \cdot (a + 2)$
$a^2 + 2ax + 2a + 4x = (a + 2x) \cdot (a + 2)$
$2a^2 + 2x^2 + 5ax = (a + 2x) \cdot (2a + x)$

mathbuch – Lösungen zum Arbeitsheft 1

S. 87–90 | 20 Symmetrien und Winkel

1 B Bei den «falschen» Karten sind die Figuren seitenverkehrt.

2 Figur 1

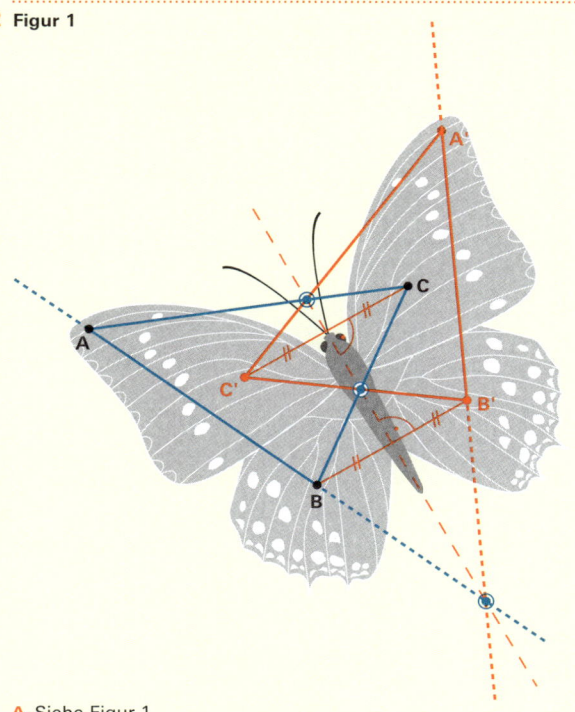

A Siehe Figur 1
B Die Verbindungsstrecke zwischen einem Originalpunkt und seinem Bildpunkt verläuft senkrecht zur Symmetrieachse.
C Siehe Figur 1
D Eine Gerade und ihr achsensymmetrisches Bild schneiden sich auf der Achse.

3 Mögliche Lösung:
Figur 2

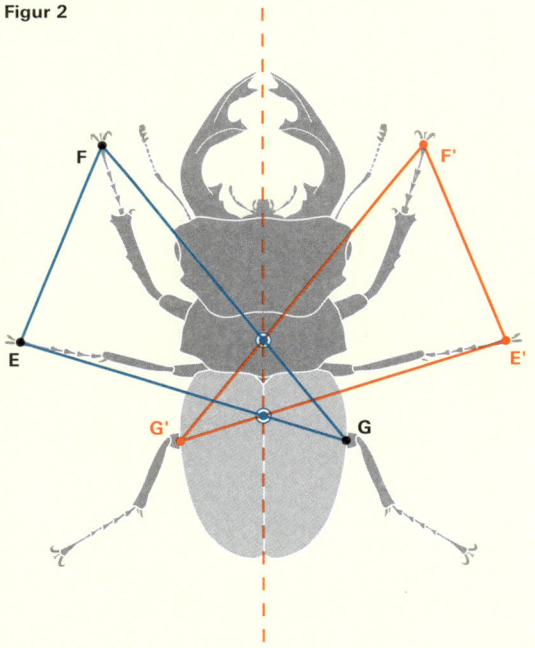

A Siehe Figur 2
B Siehe Figur 2
C Siehe Figur 2
Ein Dreieck und sein achsensymmetrisches Bild haben die gleiche Form und die gleiche Grösse.

4 Figur 3

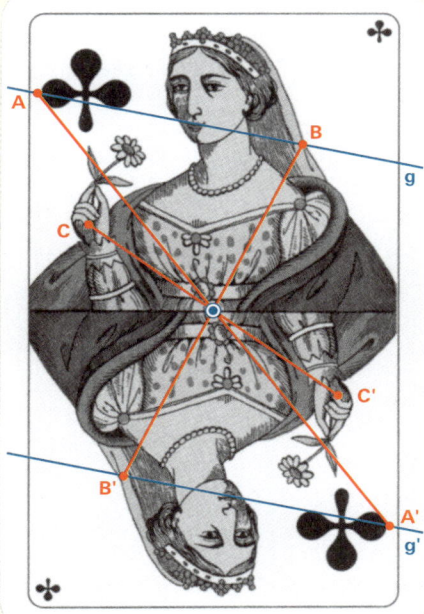

A Siehe Figur 3
B Siehe Figur 3
C Die Verbindungsstrecke zwischen einem Originalpunkt und seinem Bildpunkt verläuft durch den Symmetriepunkt. Der Symmetriepunkt wird auf sich selber abgebildet.
D Siehe Figur 3
E Eine Gerade und ihr punktsymmetrisches Bild sind parallel. Eine Gerade durch den Symmetriepunkt wird auf sich selber abgebildet.

Figur 4

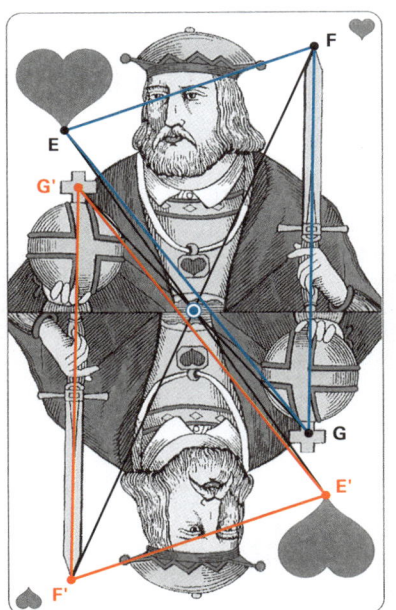

5 Mögliche Lösungen:
A Siehe Figur 4
B Siehe Figur 4
C Siehe Figur 4
Ein Dreieck und sein punktsymmetrisches Bild haben die gleiche Form und die gleiche Grösse. Sie sind auch gleich orientiert.

6 Figur 5

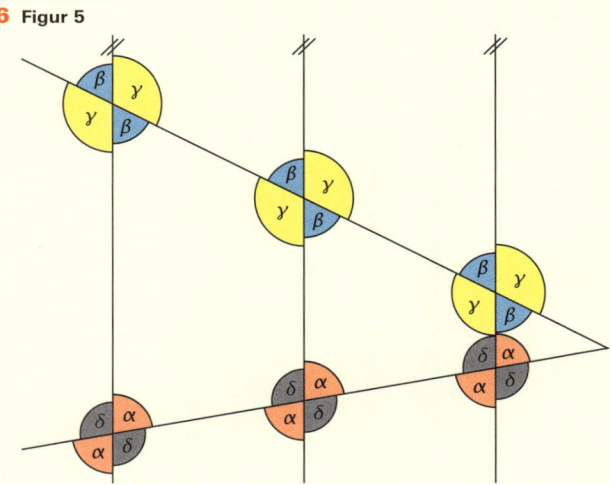

A Siehe Figur 5
B Siehe Figur 5
C $\alpha + \delta = 180°$
$\beta + \gamma = 180°$
D Individuelle Lösung

7 B Alle Winkel γ sind gleich gross.

8 Alle Winkel ACB sind rechte Winkel.

S. 91–94 21 Boccia – Pétanque – Boule

1 A Grün bekommt 1 Punkt
B Grün bekommt 2 Punkte
C Rot bekommt 3 Punkte
D Unentschieden

2 A 1. Einen (nicht zu kleinen) Kreis um P zeichnen.
2. Einen gleich grossen Kreis um Q zeichnen. Es ergeben sich zwei Schnittpunkte der zwei Kreise.
3. Die zwei Schnittpunkte durch eine Gerade g verbinden. Die Gerade g ist die Mittelsenkrechte.
B Individuelle Lösung
C Alle Punkte der Geraden g haben von P gleich viel Abstand wie von Q.
D Individuelle Lösung

3 A 1. Um den Schnittpunkt der beiden Geraden g_1 und g_2 einen (nicht zu kleinen) Kreis zeichnen. Es ergeben sich vier Schnittpunkte.
2. Um zwei der vier Schnittpunkte je einen (kleineren) Kreis zeichnen. Es ergeben sich zwei Schnittpunkte der beiden kleinen Kreise.
3. Eine Gerade g durch die beiden Schnittpunkte der kleinen Kreise ziehen. Die Gerade g durch diese zwei Punkte ist die Winkelhalbierende.
B Individuelle Lösung
C Alle Punkte der Geraden g haben von g_1 gleich viel Abstand wie von g_2.
D Individuelle Lösung

4 A 1. Einen (nicht zu kleinen) Kreis um P zeichnen, der g in zwei Punkten schneidet.
2. Um diese zwei Punkte zwei weitere (nicht zu kleine) Kreise zeichnen.
3. Den einen der Schnittpunkte dieser zwei Kreise durch eine Gerade h mit P verbinden. Die Gerade h ist das Lot (die Senkrechte) zur Geraden g.
B Individuelle Lösung
C Die Gerade h ist rechtwinklig (senkrecht) zu g (g und h bilden vier rechte Winkel).
D Individuelle Lösung

5 Eine erste Möglichkeit: Mittelsenkrechte m zu QR konstruieren. Liegt P auf m, so sind die Abstände gleich.
Eine zweite Möglichkeit: Kreis k um P durch Q zeichnen. Liegt R auf k, so sind die Abstände gleich.

A Die Punkte Q und R haben beide die gleiche Entfernung von P.
B Die Punkte Q und R haben beide die gleiche Entfernung von P.

6 Die gesuchten Punkte liegen auf einem Kreis k um den Mittelpunkt P.

7 A

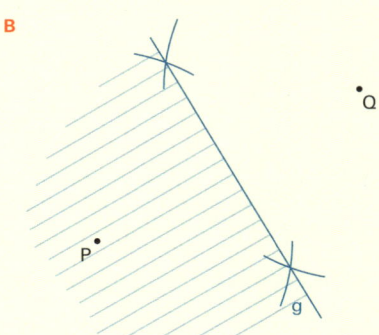

Die gesuchten Punkte liegen alle auf der Mittelsenkrechten g der Verbindungsstrecke PQ.

B

Die Punkte, die näher bei P als bei Q sind, liegen alle auf derjenigen Seite der Mittelsenkrechten g, auf der sich auch P befindet.

8

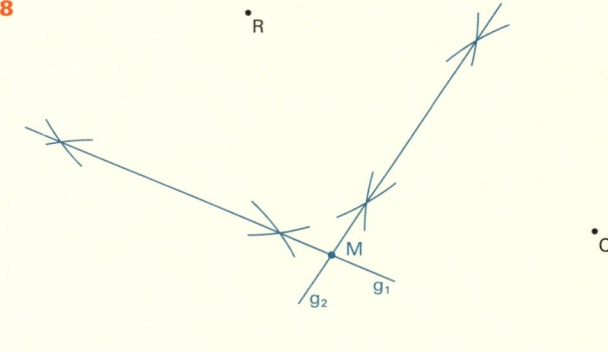

1. Die Mittelsenkrechte g_1 zu den Punkten P und R konstruieren.
2. Die Mittelsenkrechte g_2 zu den Punkten Q und R konstruieren.
3. Der Schnittpunkt von g_1 und g_2 ist der Punkt M, der von allen drei Punkten P, Q und R gleich weit entfernt ist.

Es gibt nur eine Lösung.

S. 95–98 22 Jugendliche und Medien

1 Individuelle Lösungen

2 A 2 400 000
B 1969
C 2011; ca. 3 100 000
D 1953
E etwa 350
F 1973 (20 % im Jahr 1966; 80 % im Jahr 1992)
G etwa 450 000
H Individuelle Lösungen

3 A ca. 13 000 h
B zwischen 26 und 47 h
C Maximal sind pro Jahr ein einziges Mal 2 000 Sendestunden hinzugekommen (von 1989 auf 1990), in anderen Jahren waren es (wenn überhaupt) immer nur etwa 1 000 zusätzliche Stunden. Einmal (von 1988 auf 1989) hat die totale jährliche Sendezeit aber um etwa 500 h abgenommen.

4 A Individuelle Lösung
B Zunahme von 1940 bis 1950 um ca. 400 000
Zunahme von 1950 bis 1960 um ca. 410 000
Zunahme von 1960 bis 1970 um ca. 410 000
Zunahme von 1970 bis 1980 um ca. 400 000
Zunahme von 1980 bis 1990 um ca. 420 000
Man kann von einem linearen Wachstum in den 50 Jahren zwischen 1940 und 1990 sprechen – in einer Grafik würde sich (nahezu) eine Gerade mit mittelgrosser, fast konstanter Steigung zeigen.
C Zwischen 1980 und 1990 war der Zuwachs am grössten, zwischen 1970 und 1980 war er am kleinsten.
D Etwa 4,2 Millionen Einwohner im Jahr 1940
E 1935   4,1 Millionen
   1940   4,2 Millionen
   1945   4,4 Millionen
   1950   4,7 Millionen
   1955   5,0 Millionen
   1960   5,4 Millionen
   1965   5,9 Millionen
   1970   6,2 Millionen
   1975   6,4 Millionen
   1980   6,4 Millionen
   1985   6,5 Millionen
   1990   6,8 Millionen
   1995   7,1 Millionen
F Individuelle Lösung

5 A und C

	1900 (absolut; gerundet)	1900 (prozentual)
0 bis 9 Jahre	715 000	21,5 %
10 bis 19 Jahre	629 000	19,0 %
20 bis 29 Jahre	575 000	17,3 %
30 bis 39 Jahre	457 000	13,8 %
40 bis 49 Jahre	348 000	10,5 %
50 bis 59 Jahre	285 000	8,6 %
60 bis 69 Jahre	199 000	6,0 %
70 bis 79 Jahre	92 000	2,8 %
über 80 Jahre	16 000	0,5 %
TOTAL	3 315 000	100 %

B Individuelle Lösung

D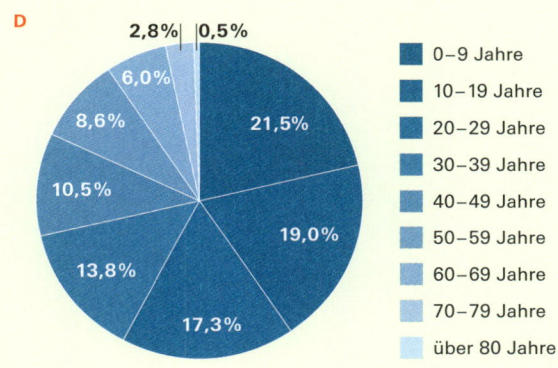

E Individuelle Lösung

6 Individuelle Lösungen

mathbuch
Mathematik für die Sekundarstufe I

Merkheft von

1

_____
_____
_____
_____

Schulverlag plus AG
Klett und Balmer Verlag

Liebe Schülerin, lieber Schüler

Am Ende der Übungen im Arbeitsheft wird jeweils auf das sogenannte Merkheft verwiesen. Dieses Heft hast du nicht erhalten – du wirst es selber schreiben! Und das aus gutem Grund: Man hat festgestellt, dass man etwas Gelerntes viel besser und länger behalten kann, wenn man nach dem Unterricht in eigenen Worten aufschreibt, was einem besonders wichtig ist und was man sich unbedingt merken will.

Auf den folgenden Seiten findest du einige Hilfestellungen und Vorlagen für dein persönliches Merkheft. Ergänzende Materialien gibt es auf www.mathbuch.info.

So kannst du bei deinen Einträgen vorgehen:

1. Du schneidest das Kärtchen zur bearbeiteten Lernumgebung aus und klebst es oben auf die nächste leere Seite deines Merkhefts.

2. Du überlegst dir dann selbstständig, was du bei der Lernumgebung gelernt hast, und schreibst es in dein persönliches Merkheft. Du kannst dir auch notieren, was du besonders wichtig findest, was dir gut gefallen hat, was dir Schwierigkeiten bereitet hat, was du dir für die kommende Prüfung unbedingt merken willst usw. Die Checkliste auf der nächsten Seite kann dir dabei eine Hilfe sein.

3. Schreibe deine Gedanken so ins Heft, dass sie dir später nützlich sind und andere sie verstehen können. Du kannst sie auch mit Zeichnungen, Grafiken und Tabellen illustrieren.

4. Das Inhaltsverzeichnis kannst du auf die erste oder letzte Seite deines Hefts kleben und darin jeweils die fehlende Seitenzahl notieren.

> **Tipp:**
> Bei den Selbstbeurteilungen im Arbeitsheft kannst du überprüfen, was du in der Lernumgebung gelernt hast oder noch nicht kannst. Je nachdem kannst du entsprechende weitere Aufgaben im Arbeitsheft oder mithilfe des Zusatzmaterials auf www.mathbuch.info lösen.

Checkliste

Wähle zur bearbeiteten Lernumgebung einen, vielleicht auch einmal zwei oder drei der folgenden Punkte aus.

- [ ] Notiere zu einem oder mehreren neuen Begriffen der Lernumgebung ein Beispiel.
- [ ] Notiere eine Aufgabe, die dir schwierig erschien, die du aber dennoch lösen konntest.
- [ ] Notiere eine Aufgabe, die du besonders gerne und gut gelöst hast.
- [ ] Notiere einen gemachten Fehler und was du daraus gelernt hast.
- [ ] Notiere, was für dich ganz neu war.
- [ ] Notiere, welche zusätzlichen Übungen du wann noch machen willst, damit du schneller und sicherer wirst.
- [ ] Schreibe auf, wo du dich besonders sicher fühlst.
- [ ] Schreibe auf, wo du dich noch nicht so sicher fühlst und was du machen könntest, um mehr Sicherheit zu gewinnen.
- [ ] Schreibe auf, was du von deinen Kolleginnen oder Kollegen gelernt hast.
- [ ] Schreibe einen Spickzettel, den du beim nächsten Test benutzen würdest, wenn du dürftest. Das ist auch nützlich, wenn man ihn nicht benützen darf!
- [ ] Schreibe jemandem einen Brief, in welchem steht, was du gelernt hast.
- [ ] Notiere, welche Zusammenhänge mit anderen Lernumgebungen dir aufgefallen sind.
- [ ] Notiere, was du zum Thema sonst noch wissen möchtest.

Dir selbst oder deiner Lehrerin/deinem Lehrer sind weitere Punkte wichtig:

- [ ] _____
- [ ] _____
- [ ] _____

Von Zeit zu Zeit …

… ist es sinnvoll, über das persönliche Arbeitsverhalten nachzudenken:

- Überlege dir, was du machst, wenn du einmal nicht weiter kommst. Frage auch Kolleginnen oder Kollegen, wie sie in einem solchen Fall vorgehen. Schreibe auf, was du bei der nächsten Lernumgebung in diesem Punkt verbessern könntest.
- Überlege dir, wie du mit deinen Fehlern umgehst. Nutzt du die Gelegenheit, aus deinen Fehlern etwas zu lernen?
- Überlege dir, wie du mit Kolleginnen oder Kollegen zusammenarbeitest. Schreibe auf, was du eventuell bei der nächsten Lernumgebung in der Zusammenarbeit verbessern könntest.
- Überlege dir, ob du auf eine hilfreiche Darstellung mit Zeichnungen, Skizzen und Tabellen achtest oder ob du diesbezüglich in der nächsten Lernumgebung etwas verbessern könntest.

Deine Lehrerin oder dein Lehrer wird dir beim Führen des Merkhefts sicher helfen. Sie/er hat wohl auch eigene Ideen und Vorschläge, wie du vorgehen könntest. Zeige dein Merkheft ab und zu einer Kollegin oder einem Kollegen. So könnt ihr voneinander lernen, wie man ein solches Merkheft immer besser führen kann.

Inhalt

Lernumgebung			Schulbuch	Arbeitsheft	Merkheft
1	S	Fünfer und Zehner	6	5	
2	A	Kopfrechnen	8	7	
3	A	Rechnen – schätzen – überschlagen	10	9	
4	S	So klein! – So gross!	12	13	
5	G	Messen und zeichnen	14	17	
6	G	Koordinaten	16	21	
7	A	Dezimalbrüche	18	25	
8	A	Brüche – Dezimalbrüche – Prozente	20	29	
9	G	Flächen und Volumen	22	33	
10	A	x-beliebig	24	37	
11	A	Knack die Box	28	43	
12	G	Parallelogramme und Dreiecke	32	51	
13	G	Mit Würfeln Quader bauen	36	57	
14	S	Wasserstand und andere Graphen	40	61	
15	S	Kosten berechnen	44	63	
16	A	Wie viel ist viel?	48	67	
17	A	Operieren mit Brüchen	52	71	
18	A	Prozente	56	77	
19	A	Summen und Produkte	60	81	
20	G	Symmetrien und Winkel	64	87	
21	G	Boccia – Pétanque – Boule	68	91	
22	S	Jugendliche und Medien	72	95	
23	G	Schieben – drehen – zerren	76	A323-00	
24	G	Regelmässige Figuren	78	A324-00	
25	A	Situation – Tabelle – Term – Graph	80	A325-00	
26	A	Zahlentafeln und Stellenwerte	82	A326-00	
27	S	Verpackungen	84	A327-00	
28	S	Pasta	86	A328-00	
29	S	Proportionalität – umgekehrte Proportionalität	88	A329-00	
30	G	Konstruktionen	90	A330-00	
31	A	Domino – Triomino	92	A331-00	

A Arithmetik/Algebra (Zahl und Variable)   **G** Geometrie (Form und Raum)
S Sachrechnen (Grössen, Funktionen, Daten und Zufall)

1 Fünfer und Zehner

- Proportionalitätstabellen ausfüllen
- Proportionale Zuordnungen erkennen
- Proportionalitäten berechnen

Schulbuch S. 6–7   Arbeitsheft S. 5–6

2 Kopfrechnen

- Zahlen und Grössen runden
- Grössen in benachbarte Einheiten umrechnen
- Wert von Zahlentermen mit und ohne Klammern berechnen

Schulbuch S. 8–9   Arbeitsheft S. 7–8

3 Rechnen – schätzen – überschlagen

- Ergebnisse abschätzen
- Überschlagsrechnungen durchführen
- Fermi-Fragen beantworten

Schulbuch S. 10–11   Arbeitsheft S. 9–12

4 So klein! – So gross!

- Beispiele zu Grösseneinheiten kennen
- Sich zu Grössenangaben etwas vorstellen
- Mit Grössen rechnen

Schulbuch S. 12–13   Arbeitsheft S. 13–16

5 Messen und zeichnen

- Parallelen und Senkrechte zeichnen
- Winkel messen und zeichnen
- Rechte, spitze, stumpfe Winkel unterscheiden

Schulbuch S. 14–15   Arbeitsheft S. 17–20

Koordinaten — 6

- Bedeutung der Vorzeichen von Koordinaten erklären
- Punkte aus einem Koordinatensystem herauslesen
- Punkte in ein Koordinatensystem zeichnen

Schulbuch S. 16–17   Arbeitsheft S. 21–24

Dezimalbrüche — 7

- Stellenwertschreibweise von Zahlen verstehen
- Zahlen auf einem Zahlenstrahl eintragen
- Grundoperationen mit Dezimalbrüchen durchführen

Schulbuch S. 18–19   Arbeitsheft S. 25–28

Brüche – Dezimalbrüche – Prozente — 8

- Gebrochene Zahlen als Brüche, Dezimalbrüche, Prozente darstellen
- Brüche in verschiedenen Modellen darstellen
- Brüche addieren, subtrahieren, erweitern und kürzen

Schulbuch S. 20–21   Arbeitsheft S. 29–32

Flächen und Volumen — 9

- Flächenmasse kennen
- Volumenmasse kennen
- Flächen und Volumen berechnen

Schulbuch S. 22–23   Arbeitsheft S. 33–36

x-beliebig — 10

- Begriffe «Variable» und «Term» erklären
- Gesetzmässigkeiten in Figurenfolgen erkennen
- Zu einer Figurenfolge Wertetabelle und Term finden

Schulbuch S. 24–27   Arbeitsheft S. 37–42

Knack die Box — 11

- Eine Boxenanordnung in eine Gleichung übersetzen
- Zu einer Boxenanordnung eine Wertetabelle erstellen
- Beziehungen zwischen Boxenanordnung, Gleichung, Tabelle und Text herstellen

Schulbuch S. 28–31   Arbeitsheft S. 43–50

Parallelogramme und Dreiecke — 12

- Umfang von Dreiecken und Parallelogrammen bestimmen
- Bedeutung der Höhe in Dreiecken und Parallelogrammen erklären
- Fläche von Parallelogrammen und Dreiecken bestimmen

Schulbuch S. 32–35   Arbeitsheft S. 51–56

Mit Würfeln Quader bauen — 13

- Quader mit Einheitswürfeln ausmessen
- Repräsentanten von Volumeneinheiten nennen
- Kantenlängen, Oberflächen und Volumen von Quadern berechnen

Schulbuch S. 36–39   Arbeitsheft S. 57–60

Wasserstand und andere Graphen — 14

- Füllgraphen zeichnen
- Füllgraphen zuordnen
- Grafische Darstellungen interpretieren

Schulbuch S. 40–43   Arbeitsheft S. 61–62

Kosten berechnen — 15

- Proportionalitäten erkennen
- Proportionalitäten berechnen
- Währungen mit Wechselkursen umrechnen

Schulbuch S. 44–47   Arbeitsheft S. 63–66

Wie viel ist viel? 16

- Bedeutung von Zehnerpotenzen erklären
- Grosse Zahlen mit Zehnerpotenzen schreiben
- Mit Zehnerpotenzen rechnen

Schulbuch S. 48–51   Arbeitsheft S. 67–70

Operieren mit Brüchen 17

- Brüche mithilfe von Modellen addieren und subtrahieren
- Brüche mithilfe von Modellen multiplizieren
- Division von Brüchen mithilfe von Grössen erklären

Schulbuch S. 52–55   Arbeitsheft S. 71–76

Prozente 18

- Bedeutung der Prozentschreibweise erklären
- Absolute und relative Häufigkeiten berechnen
- Prozentuale Anteile in Kreisen und Rechtecken darstellen

Schulbuch S. 56–59   Arbeitsheft S. 77–80

Summen und Produkte 19

- Rechen- und Klammerregeln mit Zahlen anwenden
- In Termen Variablen durch Zahlen ersetzen und Werte berechnen
- Terme mit Variablen addieren, subtrahieren und multiplizieren

Schulbuch S. 60–63   Arbeitsheft S. 81–86

Symmetrien und Winkel 20

- Eigenschaften von Achsensymmetrie und Punktsymmetrie beschreiben
- Figuren an einer Achse oder einem Punkt spiegeln
- Winkelsumme von Drei- und Vierecken für Berechnungen nutzen

Schulbuch S. 64–67   Arbeitsheft S. 87–90

Boccia – Pétanque – Boule 21

- Mittelsenkrechte konstruieren
- Lot von einem Punkt auf eine Gerade fällen
- Winkelhalbierende konstruieren

Schulbuch S. 68–71   Arbeitsheft S. 91–94

Jugendliche und Medien 22

- Informationen aus Diagrammen entnehmen und interpretieren
- Informationen in einem Diagramm darstellen
- Bedeutung des Begriffs «Stichprobe» erläutern

Schulbuch S. 72–75   Arbeitsheft S. 95–98

Schieben – drehen – zerren 23

- Kongruenzen zweier Figuren erkennen
- Eigenschaften von Kongruenzabbildungen beschreiben
- Kongruenzabbildungen durchführen

Schulbuch S. 76–77   Arbeitsheft A323-00

Regelmässige Figuren 24

- Innenwinkel eines regelmässigen n-Ecks bestimmen
- Winkelsumme in n-Ecken bestimmen
- Regelmässige Vielecke konstruieren

Schulbuch S. 78–79   Arbeitsheft A324-00

Situation – Tabelle – Term – Graph 25

- Zu Situationen Wertetabellen erstellen
- Zu Wertetabellen Graphen zeichnen
- Situationen durch Terme beschreiben

Schulbuch S. 80–81   Arbeitsheft A325-00

Zahlentafeln und Stellenwerte 26

- Gesetzmässigkeiten in Zahlentafeln erkennen
- Strukturen in Zahlentafeln algebraisch beschreiben
- Mit algebraischen Termen Gesetzmässigkeiten begründen

Schulbuch S. 82–83   Arbeitsheft A326-00

Verpackungen 27

- Repräsentanten zu Flächenmassen a, ha und km^2 nennen
- Grösse von Flächen schätzen
- Netze von Körpern zeichnen

Schulbuch S. 84–85   Arbeitsheft A327-00

Pasta 28

- Aus einem Text Informationen entnehmen und mathematisch bearbeiten
- Aus einer Tabelle Informationen entnehmen und mathematisch bearbeiten
- Aus einem Funktionsgraphen Informationen entnehmen und mathematisch bearbeiten

Schulbuch S. 86–87   Arbeitsheft A328-00

Proportionalität – umgekehrte Proportionalität 29

- Proportionale Zuordnungen in Tabellen darstellen
- Unterschiede proportionaler und umgekehrt proportionaler Zuordnungen beschreiben
- Beispiele zu proportionalen und umgekehrt proportionalen Zuordnungen nennen

Schulbuch S. 88–89   Arbeitsheft A329-00

Konstruktionen 30

- Konstruktionen nach bildlicher Anleitung durchführen
- Konstruktionen nach schriftlicher Anleitung durchführen
- Konstruktionsanleitungen schreiben

Schulbuch S. 90–91   Arbeitsheft A330-00

Domino – Triomino

31

- Abzählprobleme systematisch lösen
- Abzählprobleme vereinfachen und erweitern
- Muster bei Dreiecks- und Quadratzahlen beschreiben

Schulbuch S. 92–93   Arbeitsheft A331-00

mathbuch
Mathematik für die Sekundarstufe I

Arbeitsheft

1

Walter Affolter
Guido Beerli
Hanspeter Hurschler
Beat Jaggi
Werner Jundt
Rita Krummenacher
Annegret Nydegger
Beat Wälti
Gregor Wieland

Schulverlag plus AG
Klett und Balmer Verlag

Üben, üben, üben

«Übung macht den Meister». Das ist kein hohler Spruch, sondern eine Tatsache, die im Sport gilt, in der Musik und auch in der Mathematik.
Das «mathbuch» bietet dir – neben all den Aufgaben im Schulbuch und im Arbeitsheft – auf www.mathbuch.info zusätzliche Gelegenheiten zum Üben.

Weitere Aufgaben

Am Ende der meisten Lernumgebungen findest du einen Verweis auf weitere Aufgaben aus den Bereichen «Grundanforderungen» und «Zusatzanforderungen».

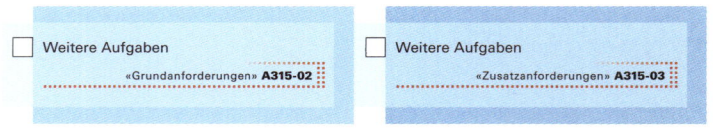

☐ Weitere Aufgaben «Grundanforderungen» **A315-02**	☐ Weitere Aufgaben «Zusatzanforderungen» **A315-03**

Der Code führt dich direkt zur entsprechenden Datei mit Aufgaben, die du ausdrucken und dann auf Papier lösen kannst.

Rechentraining

Im Schulbuch zeigt dir die Rubrik «Rechentraining» jeweils an, wie du selbstständig weitere Trainingseinheiten für dich oder deine Kolleginnen und Kollegen erstellen kannst.

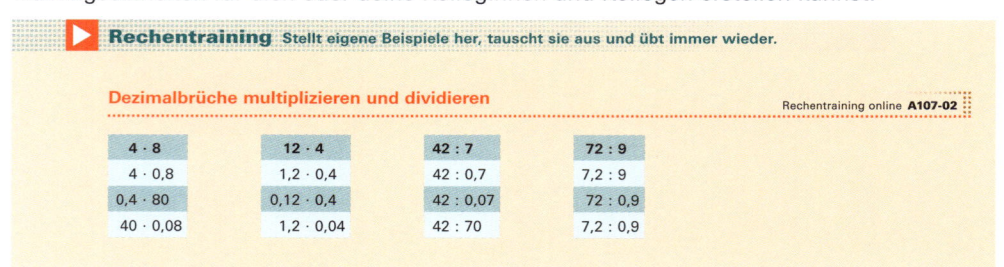

▶ **Rechentraining** Stellt eigene Beispiele her, tauscht sie aus und übt immer wieder.

Dezimalbrüche multiplizieren und dividieren   Rechentraining online **A107-02**

4 · 8	12 · 4	42 : 7	72 : 9
4 · 0,8	1,2 · 0,4	42 : 0,7	7,2 : 9
0,4 · 80	0,12 · 0,4	42 : 0,07	72 : 0,9
40 · 0,08	1,2 · 0,04	42 : 70	7,2 : 0,9

Der Code führt zu einer entsprechenden Aufgabenserie, die du direkt am Computer lösen kannst. Wenn du lieber auf Papier arbeitest, kannst du die Aufgabenserie (mit oder ohne Lösungen) auch ausdrucken.

Kopfgeometrie

Im Schulbuch und im Arbeitsheft findest du in der Rubrik «Kopfgeometrie» Aufgaben, die dein Vorstellungsvermögen trainieren.

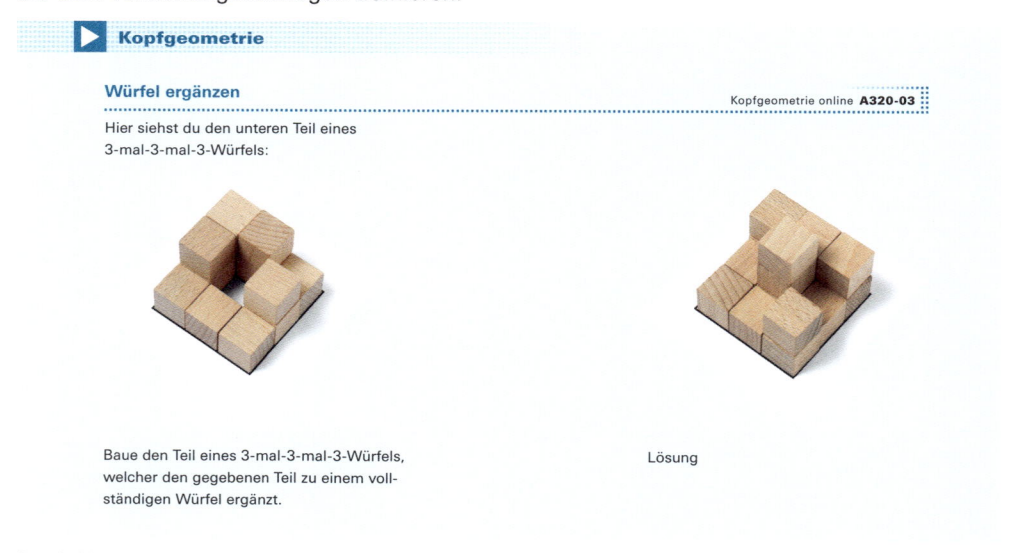

▶ **Kopfgeometrie**

Würfel ergänzen   Kopfgeometrie online **A320-03**

Hier siehst du den unteren Teil eines 3-mal-3-mal-3-Würfels:

Baue den Teil eines 3-mal-3-mal-3-Würfels, welcher den gegebenen Teil zu einem vollständigen Würfel ergänzt.

Lösung

Auch hier führt dich der Code zu einer Aufgabenserie, die du direkt am Computer lösen kannst.

Inhalt

Lernstandserhebung und Wiederholung

1	S	Fünfer und Zehner		Seite 5 – 6
2	A	Kopfrechnen		7 – 8
3	A	Rechnen – schätzen – überschlagen		9 – 12
4	S	So klein! – So gross!		13 – 16
5	G	Messen und zeichnen	▶ Kopfgeometrie	17 – 20
6	G	Koordinaten	▶ Kopfgeometrie	21 – 24
7	A	Dezimalbrüche		25 – 28
8	A	Brüche – Dezimalbrüche – Prozente		29 – 32
9	G	Flächen und Volumen	▶ Kopfgeometrie	33 – 36

Grundlegung

10	A	x-beliebig		Seite 37 – 42
11	A	Knack die Box		43 – 50
12	G	Parallelogramme und Dreiecke		51 – 56
13	G	Mit Würfeln Quader bauen		57 – 60
14	S	Wasserstand und andere Graphen		61 – 62
15	S	Kosten berechnen		63 – 66
16	A	Wie viel ist viel?		67 – 70
17	A	Operieren mit Brüchen		71 – 76
18	A	Prozente		77 – 80
19	A	Summen und Produkte		81 – 86
20	G	Symmetrien und Winkel	▶ Kopfgeometrie	87 – 90
21	G	Boccia – Pétanque – Boule	▶ Kopfgeometrie	91 – 94
22	S	Jugendliche und Medien		95 – 98

Vertiefung und Weiterführung

23	G	Schieben – drehen – zerren	Seite	99
24	G	Regelmässige Figuren		99
25	A	Situation – Tabelle – Term – Graph		100
26	A	Zahlentafeln und Stellenwerte		100
27	S	Verpackungen		101
28	S	Pasta		101
29	S	Proportionalität – umgekehrte Proportionalität		102
30	G	Konstruktionen		102
31	A	Domino – Triomino		103

Die Aufgaben aus dem Bereich «Vertiefung und Weiterführung» stehen auf www.mathbuch.info als Download zur Verfügung. Die Selbstbeurteilung für alle Lernumgebungen finden sich im Arbeitsheft ab Seite 99.

A Arithmetik/Algebra (Zahl und Variable)   G Geometrie (Form und Raum)
S Sachrechnen (Grössen, Funktionen, Daten und Zufall)

Fünfer und Zehner **1**

In Schritten und in Metern

1 Pavel benötigt für die Länge der Turnhalle (28,80 m) 46,5 Schritte.
Ergänze die Tabelle mit möglichen Werten.

	Messung von 10 Schritten mit dem Messband	Benötigte Schritte Turnhalle Länge = 28,80 m	Pausenplatz Länge = 64,50 m	Schulhaus Umfang = 127 m
Pavel	6,20 m	46,5 Schritte	104 Schritte	205 Schritte
Fiona	6,85 m	42 Schritte	94 Schritte	185 Schritte
Miranda	6,60 m	43,6 Schritte	97,7 Schritte	192,4 Schritte
Dean	8,50 m	33,9 Schritte	75,9 Schritte	149,4 Schritte

Proportional oder nicht proportional?

2 Berechne den fehlenden Wert dort, wo es möglich ist.

A Schokoriegel im Einzelverkauf

Anzahl	3	4	6	12
Preis [CHF]	3.60	4.80	7.20	14.40

☒ proportional ☐ nicht proportional

B Jungbäume in der Baumschule

Fläche [m²]	10	40	50	80
Anzahl Tannen	8	32	40	64

☒ proportional ☐ nicht proportional

C Jungbäume im Wald

Fläche [m²]	10	40	50	80
Anzahl Tannen	8	25	30	—

☐ proportional ☒ nicht proportional

D Unterwegs mit Tempomat auf der Autobahn

Zeit [min]	10	40	50	80
Strecke [km]	18	72	90	144

☒ proportional ☐ nicht proportional

E Benzin

Menge [l]	10	30	45	60
Gewicht [kg]	9	27	40,5	54

☒ proportional ☐ nicht proportional

F Tobias zu unterschiedlichen Zeitpunkten

Alter [Jahre]	2	4	6	8
Gewicht [kg]	12	17	22	—

☐ proportional ☒ nicht proportional

3 Finde zwei eigene Beispiele.

A _____

☒ proportional ☐ nicht proportional

B _____

☐ proportional ☒ nicht proportional

Fünfer und Zehner

1

Zuckerwasser

4 Fünf Personen bereiten Zuckerwasser zu.
- Amélie gibt 15 g Zucker in 6 dl Wasser.
- Bertrand gibt 20 g Zucker in 10 dl Wasser.
- Claudine gibt 10 g Zucker in 3 dl Wasser.
- Daniel gibt 25 g Zucker in 12 dl Wasser.
- Étienne gibt 5 g Zucker in 2 dl Wasser.

Wer hat das süsseste Wasser zubereitet? Begründe.

5 Erstelle eine Tabelle zur Umrechnung von «Zentimeter» in «Inch» (Zoll).

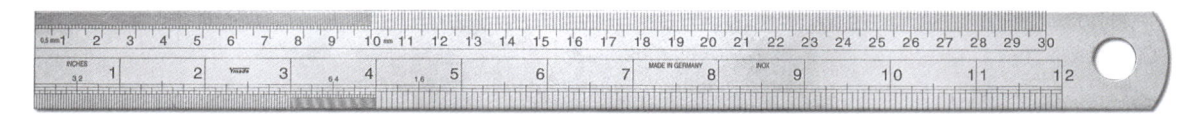

6 Gewürze werden in ganz kleinen Mengen angeboten.
- **A** Ein Säckchen Rosmarin von 11 g für 1.10 Fr.
- **B** Ein Säckchen Paprika von 25 g für 1.95 Fr.
- **C** Ein Säckchen Safran von 0,16 g für 1.60 Fr.

Am meisten je Gramm kostet _____

Am wenigsten je Gramm kostet _____

Selbstbeurteilung «Fünfer und Zehner»

Ich kann …
- ☐ proportionale Zuordnungen in Situationen erkennen. **SB 1   AH 2, 4 und 5**
- ☐ Werte in proportionalen Zuordnungen berechnen. **SB 5   AH 1 und 2**
- ☐ Preisvergleiche mithilfe von Wertetabellen und Berechnungen anstellen. **SB 4   AH 6**

Zusätzlich kann ich …
Im Bereich «Lernstandserhebung und Wiederholung» werden keine Zusatzanforderungen ausgewiesen.

☐ Weitere Aufgaben   **A301-01**

☐ Arbeitsrückschau im Merkheft   **A301-02**

Kopfrechnen 2

Führe die Übungen zum Kopfrechnen mehrmals im Abstand von einem oder mehreren Tagen durch.
Miss und notiere in einer Tabelle jeweils die Zeit, die du dazu gebraucht hast, sowie die Anzahl
richtig und falsch gelöster Aufgaben. So kannst du deine Fortschritte feststellen. Übung macht den Meister!

Übungstyp	Datum	Zeit [min]	Anzahl richtig gelöster Aufgaben	Anzahl falsch gelöster Aufgaben

Falls du beim Kopfrechnen viele Fehler machst, könnte es an deinem Vorstellungsvermögen von Zahlen oder
Grössen liegen. In diesem Fall solltest du bei deiner Lehrerin oder deinem Lehrer Hilfe holen, bevor du weiter übst.

Grundoperationen

1
- **A** 34 + 70 = …
  - 1000 − 650 = …
  - 30 · 90 = …
  - 560 : 8 = …
  - 69 + 180 = …
- **B** 90 − 58 = …
  - 4 · 7000 = …
  - 3900 + 480 = …
  - 850 − 780 = …
  - 360 : 90 = …
- **C** 4000 : 8 = …
  - 790 − 350 = …
  - 20 · 80 000 = …
  - 500 · 200 = …
  - 3050 + 460 = …
- **D** 50 · 60 = …
  - 130 + 1500 = …
  - 49 000 : 70 = …
  - 8000 − 1250 = …
  - 120 − 85 = …

Erfinde weitere solche gemischten Päckchen und gib sie andern zu lösen. Kontrolliert euch gegenseitig.

Ergänzen

2
- **A** 340 + … = 1000
  - 29 + … = 100
  - 68 cm + … = 1 m
  - 24 kg + … = 1 t
  - 45 s + … = 1 min
- **B** 480 g + … = 1 kg
  - 499 + … = 1000
  - 24 l + … = 1 hl
  - 298 mm + … = 1 m
  - 0,255 + … = 1
- **C** 0,78 + … = 1
  - 34 cl + … = 1 l
  - 235 kg + … = 1 t
  - 14 min + … = 1 h
  - 240 m + … = 1 km

Erfinde weitere solche gemischten Päckchen und gib sie andern zu lösen. Kontrolliert euch gegenseitig.

Runden

3
- **A** 476 auf Hunderter
  - 7123 auf Tausender
  - 12 h 29 min auf ganze h
  - 56,129 km auf ganze km
  - 4,50 ml auf ganze ml
- **B** 3,45 m auf ganze m
  - 4 min 45 s auf ganze min
  - 3,45 l auf ganze l
  - 0,491 auf Einer
  - 45,6 auf Zehner
- **C** 45,782 t auf ganze t
  - 3,79 m auf ganze m
  - 51 min 13 s auf ganze min
  - 4 t 510 kg auf ganze t
  - 99 l 585 ml auf ganze l
- **D** 7,91 mm auf ganze mm
  - 3 h 49 min auf ganze h
  - 14 m 39 cm auf ganze m
  - 0,810 auf Einer
  - 9 kg 980 g auf ganze kg

Erfinde weitere solche gemischten Päckchen und gib sie andern zu lösen. Kontrolliert euch gegenseitig.

Kopfrechnen

Grössen

4
A
455 m = … km
3,5 l = … ml
3 h 45 min = … min
4,6 t = … kg
1580 cm = … m

B
750 g = … kg
1455 cm = … m
5 min 35 s = … s
750 ml = … l
4,75 t = … kg

C
1,250 t = … kg
340 dl = … l
2,5 hl = … l
8,65 cm = … mm
10 min 5 s = … s

Erfinde weitere solche gemischten Päckchen und gib sie andern zu lösen. Kontrolliert euch gegenseitig.

Mit und ohne Klammern

5
A
56 + (40 − 24) = …
(44 − 9) : 7 · 5 = …
((10 − 8) + 5) · 2 = …
12 + 4 · 5 − 10 = …
7 · (15 − 8) + 3 = …

B
6 · 9 − (3 + 5) = …
(90 − 35) − (22 − 15) = …
(36 : (2 · 3)) − 4 = …
100 − (20 − (12 − 2)) = …
12 · 3 − 6 + 18 : 9 = …

C
(44 − 39) − (10 − 8) = …
20 − 3 · 4 + 8 = …
(15 − 4) · 2 + 7 = …
10 + ((20 − 12) − 2) = …
7 · 5 − (20 − 15) = …

Erfinde weitere solche Päckchen und gib sie andern zu lösen. Kontrolliert euch gegenseitig.

Selbstbeurteilung «Kopfrechnen»

Ich kann …

☐ die vier Grundoperationen im Hunderterraum sicher im Kopf durchführen. **SB 1   AH 1**

☐ Zahlen und Grössen auf den nächsten Stellenwert ergänzen. **SB 2   AH 2**

☐ Zahlen und Grössen nach den Rundungsregeln sicher im Kopf runden. **SB 3   AH 3**

☐ Längen, Gewichte, Hohlmasse und Zeiten in benachbarte Grösseneinheiten umrechnen. **SB 4   AH 4**

☐ den Wert von Zahlentermen berechnen und dabei die Klammerregeln und die Regel «Punkt vor Strich» berücksichtigen. **SB 6   AH 5**

Zusätzlich kann ich …

Im Bereich «Lernstandserhebung und Wiederholung» werden keine Zusatzanforderungen ausgewiesen.

☐ Arbeitsrückschau im Merkheft **A302-01**

Rechnen – schätzen – überschlagen   3

Drei Ergebnisse – viele Multiplikationen

1 A Schreibe die passenden Rechnungen zu den Ergebnissen. Welche Rechnung führt zu keinem dieser Ergebnisse? Wie lautet das Ergebnis dieser Rechnung?

Rechnungen		Ergebnis = 0,6	Ergebnis = 1,2	Ergebnis = 2,4
3 · 0,4	8 · 0,3			
20 · 0,06	80 · 0,03			
20 · 0,03	6 · 0,4			
0,3 · 0,2	0,6 · 4			
4 · 0,3	3 · 0,2			
0,06 · 20	0,05 · 12			
1,2 · 0,5	0,04 · 15			

B Suche weitere Multiplikationen zu den drei Ergebnissen.

Drei Ergebnisse – viele Divisionen

2 A Schreibe die passenden Rechnungen zu den Ergebnissen. Welche Rechnung führt zu keinem dieser Ergebnisse? Wie lautet das Ergebnis dieser Rechnung?

Rechnungen		Ergebnis = 0,4	Ergebnis = 0,8	Ergebnis = 1,6
2,4 : 3	40 : 25			
8 : 20	5,2 : 13			
1,92 : 1,2	1,2 : 15			
17,6 : 11	0,16 : 0,2			
0,48 : 0,6	0,2 : 0,5			
3,2 : 4	0,48 : 0,3			
4 : 5	0,16 : 0,4			

B Suche weitere Divisionen zu den drei Ergebnissen.

Rechnen – schätzen – überschlagen

Schätzen, berechnen, überprüfen

Verwandte Rechnungen helfen, die Grössenordnung der Ergebnisse schwieriger Rechnungen abzuschätzen.

3 Schätze eine untere Grenze und eine obere Grenze. Berechne genau mit dem Taschenrechner.
Berechne die Differenz zur besseren Schätzung.

Rechnung \ Ergebnis	mindestens	höchstens	genau	Differenz zur besseren Schätzung
23 456 + 13 579				
975 864 − 24 680				
14 703 + 258 147				
97 864 − 29 345				
1 027 843 − 43 765				

4 Schätze eine untere Grenze und eine obere Grenze. Berechne genau mit dem Taschenrechner.
Berechne die Differenz zur besseren Schätzung.

Rechnung \ Ergebnis	mindestens	höchstens	genau	Differenz zur besseren Schätzung
10,3 · 8,9				
31,4 · 152,5				
98,4 · 71,55				
0,289 · 124,3				
0,356 · 8,49				

5 Schätze zuerst und berechne dann genau. Berechne die Differenz zwischen Schätzung und genauem Ergebnis.

Rechnung	Schätzung	genaues Ergebnis	Differenz
85 : 3,4			
2 028 : 0,39			
350 : 2,8			
2 115,8 : 0,71			
21 606 : 547			

Rechnen – schätzen – überschlagen 3

6 Schätze.

A
11,4 m : 76 = _____

270,6 km : 123 = _____

233,7 cm : 19 = _____

1 017,5 m : 275 = _____

B
9,750 kg : 0,750 kg = _____

45,850 t : 0,350 t = _____

40,5 kg : 45 g = _____

4,960 t : 4 kg = _____

C Überprüfe mit dem Taschenrechner.

Fermi-Fragen

7
Schülerinnen und Schüler einer 7. Klasse haben die folgende Fermi-Frage bearbeitet.

> Wie viele Blätter im Format A4 (Hefte, Kopien, Arbeitsblätter wie z. B. die Seiten aus dem Arbeitsheft zum «mathbuch») etwa verbraucht eine Schülerin oder ein Schüler im Laufe der gesamten Schulzeit? Wie viel eine ganze Klasse?

Hier siehst du das Protokoll ihrer Arbeit. Studiere die Dokumentation der Schülerinnen und Schüler zur Fermi-Frage.

Fermi-Fragen
Blätterverbrauch

1 Sch. braucht pro Tag ca. 5 Blätter.

1 Woche hat 5 Schultage.

Verbrauch in 1 Woche: 25 Blätter

1 Jahr hat 39 Schulwochen

Verbrauch in 1 Jahr 975 Blätter

Rund 1000 Blätter in einem Jahr.

In 9 Schuljahren rund 10 000 Blätter

2500 Blätter wiegen 13 kg.

10 000 Blätter wiegen 52 kg.

Marco, André

Fermi - Fragen

Wie viele Blätter werden verbraucht?
An einem Tag braucht eine Person ca. 20 Blätter.
In einer Schulwoche (5 Tage) sind das ca. 100 Blätter.
In einem Schuljahr (40 Wochen) sind das ca. 4000 Blätter.
In 9 Jahren ca 36 000 Blätter.

Kindergarten
ca. 10 Blätter an einem Tag
In einem Kindergartenjahr ca. 2000 Blätter.
Eine Person braucht ca. 38 000 Blätter in ihrer Schulzeit.
Das sind 15 Schachteln. Diese wiegen zusammen ca. 200 kg.

Petra, Natalie

Die Schülerinnen und Schüler haben bestimmte Annahmen getroffen. Überprüfe diese.
Welche Annahmen würdest du ändern? Begründe.

Rechnen – schätzen – überschlagen

8 Wähle eine dieser Fermi-Fragen aus und bearbeite sie.
  A Wie viele Stunden etwa schläft ein Mensch in seinem Leben?
  B Wie viele Tafeln Schokolade etwa werden von allen Schweizerinnen und Schweizern innerhalb eines Jahres konsumiert?
  C Wie viele 35-Liter-Kehrichtsäcke Abfall etwa produziert ein Mensch in seinem Leben?
  D Wie gross etwa müsste ein Parkplatz sein, auf dem alle Personenautos mit Schweizer Kontrollschildern parkieren könnten?

Selbstbeurteilung «Rechnen – schätzen – überschlagen»

Ich kann …

- [ ] mithilfe von verwandten, einfachen Rechnungen Ergebnisse im Kopf abschätzen. **SB 1 bis 3   AH 1 und 2**
- [ ] mindestens eine der beiden Methoden «mindestens – höchstens» oder «gerundet» bei Überschlagsrechnungen anwenden. **SB 4   AH 3 bis 6**
- [ ] zu Fermi-Fragen Annahmen treffen und mit Schätzen und Berechnen sinnvolle Antworten finden. **SB 5 und 6   AH 7 und 8**

Zusätzlich kann ich …

Im Bereich «Lernstandserhebung und Wiederholung» werden keine Zusatzanforderungen ausgewiesen.

- [ ] Weitere Aufgaben   **A303-01**

- [ ] Arbeitsrückschau im Merkheft   **A303-02**

So klein! – So gross!

Sich Grössen vorstellen

Zehnerpotenzen	Vorsätze	Symbol	Zahlwort	Längen	Gewichte	Hohlmasse
1 000 000 000 000 000	Peta	P	Billiarde			
1 000 000 000 000	Tera	T	Billion			
1 000 000 000	Giga	G	Milliarde			
1 000 000	Mega	M	Million		1 t = 1 000 000 g	
1 000	Kilo	k	Tausend	1 km = 1 000 m	1 kg = 1 000 g	
100	Hekto	h	Hundert			1 hl = 100 l
10	Deka	da	Zehn			
1			Eins	1 m	1 g	1 l
0,1	Dezi	d	Zehntel	1 dm = 0,1 m		1 dl = 0,1 l
0,01	Zenti	c	Hundertstel	1 cm = 0,01 m		1 cl = 0,01 l
0,001	Milli	m	Tausendstel	1 mm = 0,001 m	1 mg = 0,001 g	1 ml = 0,001 l
0,000 001	Mikro	µ	Millionstel	1 µm = 0,000 001 m	1 µg = 0,000 001 g	1 µl = 0,000 001 l
0,000 000 001	Nano	n	Milliardstel			
0,000 000 000 001	Piko	p	Billionstel			
0,000 000 000 000 001	Femto	f	Billiardstel			

KV «Grössentabelle» **A304-01**

1 Stellt zur Tabelle Fragen mit Antworten zusammen. Tauscht die Fragen aus.

Was bedeutet der Vorsatz «Milli»?

Der tausendste Teil:
1 mm = 0,001 m
1 ms = 0,001 s

Wie viel etwa ist 1 ml Wasser?

Das sind etwa 15–20 Tropfen Wasser.

2 Was passt am besten?

A Die Schweiz ist von Nord nach Süd ungefähr …

- 30 km breit. ☐
- 100 km breit. ☐
- 200 km breit ☐
- 1 000 km breit. ☐

B Die Länge des gesamten Strassennetzes in der Schweiz beträgt ungefähr …

- 700 km. ☐
- 7 000 km. ☐
- 70 000 km. ☐
- 700 000 km. ☐

C Die Länge des gesamten Bahnnetzes in der Schweiz beträgt ungefähr …

- 1 000 000 km. ☐
- 100 000 km. ☐
- 50 000 km. ☐
- 5 000 km. ☐

So klein! – So gross!

Rechnen mit Grössen

3 Gib die Werte in der angegebenen Grösseneinheit an.

A			B			C		
1 km	= _____	m	1 hl	= _____	l	1 t	= _____	kg
1 m	= _____	dm	1 l	= _____	dl	0,1 t	= _____	kg
1 m	= _____	cm	1 l	= _____	cl	0,001 t	= _____	kg
1 m	= _____	mm	1 l	= _____	ml	1 kg	= _____	g
1 m	= _____	µm	1 dl	= _____	ml	1 g	= _____	mg
1 mm	= _____	µm	1 cl	= _____	ml	1 g	= _____	µg

4 Schreibe mit Komma (20 cm = 0,2 m).

A			B			C		
2 cm	= _____	m	9 m	= _____	km	500 g	= _____	kg
32 cm	= _____	m	89 m	= _____	km	1 500 g	= _____	kg
432 cm	= _____	m	90 mm	= _____	m	150 g	= _____	kg
4 320 cm	= _____	m	789 m	= _____	km	15 t	= _____	kg
32 dm	= _____	m	900 mm	= _____	m	150 mg	= _____	g
320 dm	= _____	m	9 000 µm	= _____	m	1 500 mg	= _____	g

5 Ordne der Grösse nach. Beginne mit dem kleinsten Wert.

A 101 l   1 002 ml   10,2 cl   11 dl   1,003 l   102 ml   1,2 dl

_____

B 0,032 kg   302 mg   3,022 kg   0,032 g   322 g   0,032 t   3,02 g

_____

6 Übermale gleiche Mengen mit derselben Farbe.

1 kg 20 g   5 dl   805 cl

    50 ml   0,008 l   5 cl

1 020 g   8 ml   1,02 g

        8 050 ml   1 g 20 mg   0,5 l

So klein! – So gross!

7 Gib die Werte in der angegebenen Grösseneinheit an.

A $\frac{3}{4}$ kg = _____ g
   $\frac{3}{5}$ kg = _____ g
   $\frac{3}{8}$ kg = _____ g
   $\frac{3}{10}$ kg = _____ g
   $\frac{3}{20}$ kg = _____ g
   $\frac{3}{50}$ kg = _____ g

B $\frac{3}{10}$ m = _____ cm
   $\frac{3}{10}$ m = _____ dm
   $\frac{1}{8}$ m = _____ mm
   $\frac{1}{8}$ m = _____ cm
   $\frac{1}{4}$ m = _____ mm
   $\frac{1}{2}$ m = _____ cm

C $\frac{1}{10}$ l = _____ ml
   $\frac{1}{8}$ l = _____ dl
   $\frac{1}{8}$ l = _____ cl
   $\frac{5}{8}$ l = _____ ml
   $\frac{5}{4}$ l = _____ ml
   $\frac{5}{2}$ l = _____ dl

8 Gib die Werte mit gekürzten Brüchen an (Beispiel 400 m = $\frac{2}{5}$ km).

A 750 ml = _____ l
   75 dl = _____ l
   7,5 cl = _____ l
   2,5 dl = _____ l
   _____ = _____
   _____ = _____

B 125 m = _____ km
   375 mm = _____ m
   87,5 cm = _____ m
   87,5 m = _____ km
   _____ = _____
   _____ = _____

C 12,5 g = _____ kg
   37,5 g = _____ kg
   875 g = _____ kg
   87,5 kg = _____ t
   _____ = _____
   _____ = _____

9 Gib die Werte in der angegebenen Grösseneinheit an.

A 10 t = _____ kg
   1 kg = _____ mg
   100 kg = _____ t
   0,1 g = _____ kg
   10 mg = _____ g
   0,01 g = _____ kg
   _____ = _____
   _____ = _____

B 1 km = _____ m
   10 m = _____ mm
   10 mm = _____ m
   0,01 m = _____ km
   1 dm = _____ m
   0,1 m = _____ km
   _____ = _____
   _____ = _____

C 100 l = _____ dl
   1 l = _____ ml
   10 l = _____ ml
   330 ml = _____ l
   0,33 l = _____ cl
   3,3 dl = _____ l
   _____ = _____
   _____ = _____

So klein! – So gross! 4

10 Gib die Werte in der angegebenen Grösseneinheit an.

A
1 d = _____ h
1 d = _____ min
1 d = _____ s
2,5 d = _____ h
_____ = _____
_____ = _____

B
1 h = _____ min
1 h = _____ s
1 ¾ h = _____ min
0,75 h = _____ min
_____ = _____
_____ = _____

C
2,25 h = _____ min
0,25 h = _____ min
5 min = _____ s
10 min = _____ h
_____ = _____
_____ = _____

Selbstbeurteilung «So klein! – So gross!»

Ich kann...
☐ mir zu Grössen konkrete Beispiele vorstellen. **SB 4 bis 9   AH 1 und 2**
☐ mit Grössen rechnen. **AH 3 bis 9**

Zusätzlich kann ich...
Im Bereich «Lernstandserhebung und Wiederholung» werden keine Zusatzanforderungen ausgewiesen.

☐ Weitere Aufgaben   **A304-02**

☐ Arbeitsrückschau im Merkheft   **A304-03**

Messen und zeichnen 5

Eine Spirale zeichnen

1 Setze diese Spirale nur mithilfe eines Geodreiecks und eines Massstabs fort.

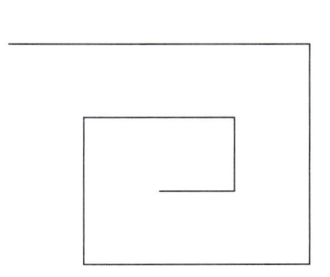

Winkel

2

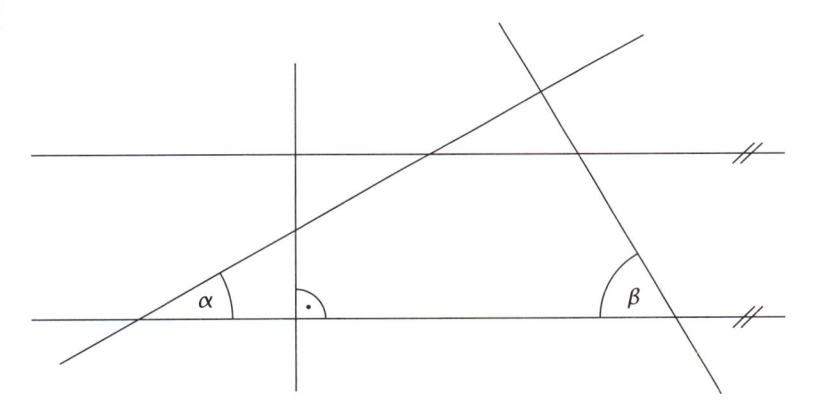

A Miss die Winkel α und β.

α = _____

β = _____

B Suche alle Winkel in der Zeichnung, die gleich gross sind wie α, und beschrifte sie mit «α».
Suche dann alle Winkel, die gleich gross sind wie β, und beschrifte sie mit «β».
C Bezeichne alle rechten Winkel mit dem entsprechenden Symbol.
D Beschrifte weitere gleich grosse Winkel mit anderen griechischen Buchstaben und bestimme ihre Grösse.
E Färbe spitze und stumpfe Winkel mit unterschiedlichen Farben.
F Suche Winkel, die zusammen 180° ergeben.

Messen und zeichnen

Wege zeichnen

3 Zeichne die Wege weiter wie in der Tabelle beschrieben. Welcher Weg führt zu welchem Ziel?

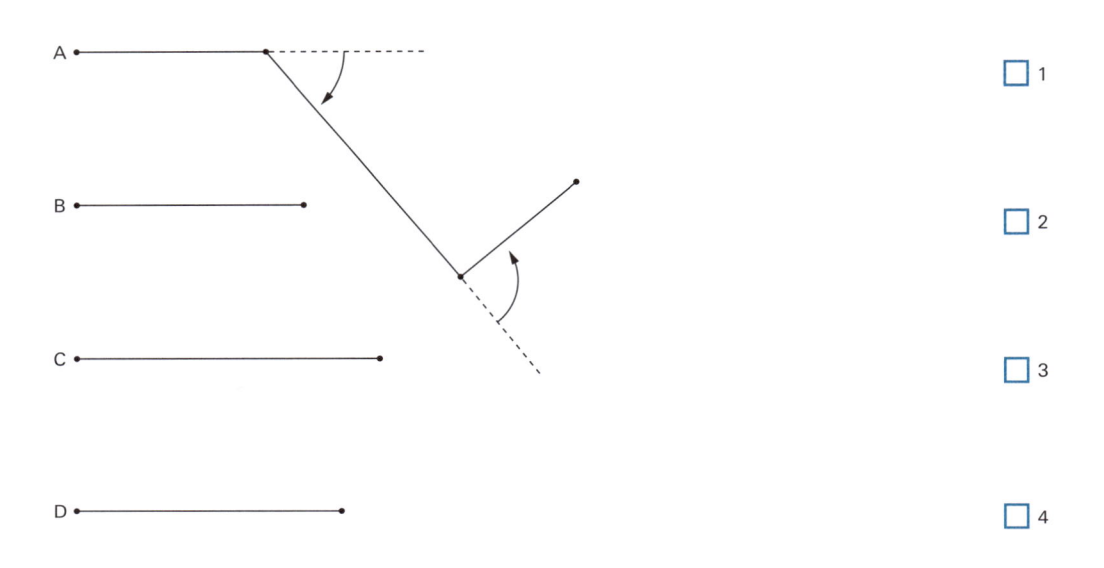

	Strecke 1	Winkel 1	Strecke 2	Winkel 2	Strecke 3	Winkel 3	Strecke 4	Winkel 4	Strecke 5	Ziel
Weg A	25 mm	re 50°	40 mm	li 90°	20 mm	re 115°	35 mm	li 105°	55 mm	____
Weg B	30 mm	li 40°	25 mm	re 130°	45 mm	li 60°	55 mm	li 55°	30 mm	____
Weg C	40 mm	li 20°	40 mm	li 80°	30 mm	re 155°	35 mm	li 30°	35 mm	____
Weg D	35 mm	li 0°	20 mm	li 10°	40 mm	li 65°	65 mm	re 115°	15 mm	____

Quadrat

Geogebra-Anwendung **A305-01**

4 **A** Zeichne ein Quadrat mit der Seitenlänge s = 8 cm.
B Bestimme den Umfang des Quadrates.
C Bestimme den Flächeninhalt des Quadrates.
D Verbinde zwei gegenüberliegende Eckpunkte und bestimme die Winkel in den Dreiecken.
E Verdopple die Seitenlänge s. Wie ändern sich der Umfang, der Flächeninhalt, die Winkel?
F Halbiere die Seitenlänge s. Wie ändern sich der Umfang, der Flächeninhalt, die Winkel?

Messen und zeichnen

Rechteck

5

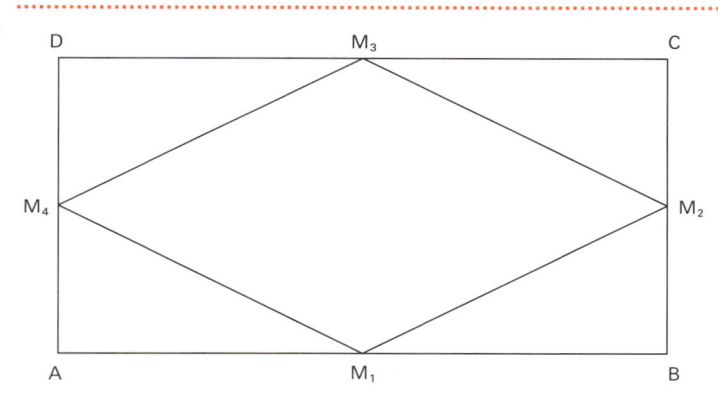

A Bestimme den Umfang und den Flächeninhalt des Rechtecks ABCD.
B Miss alle Winkel. Was stellst du fest?
C M_1, M_2, M_3 und M_4 sind die Seitenmittelpunkte. Bestimme die Fläche des Vierecks $M_1M_2M_3M_4$.

Winkel an Rädern

6 A Bestimme den Drehwinkel α zwischen zwei Speichen des Rades.

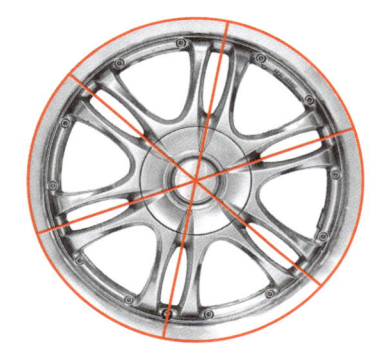

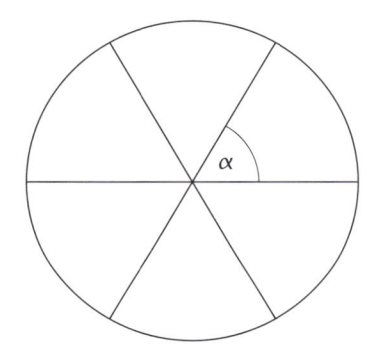

B Wähle verschiedene Räder aus, zeichne ein vereinfachtes Bild und bestimme jeweils den Drehwinkel.

Messen und zeichnen

▶ Kopfgeometrie

Hier triffst du erstmals auf eine Aufgabe zur Kopfgeometrie. Solche Aufgaben werden im Schulbuch oder im Arbeitsheft noch mehrmals vorkommen. Sie dienen dazu, dein geometrisches Gedächtnis zu schulen sowie dein räumliches Vorstellungsvermögen zu entwickeln. Stellt einander immer wieder solche Aufgaben.
Weitere Aufgaben zu jeder kopfgeometrischen Übung findest du jeweils online.

Ein Würfel im Kopf (Partnerarbeit)
KV «Kopfgeometrie» **A305-02**

A Setze dich mit geschlossenen Augen ruhig und bequem hin und denke dir einen Würfel wie in der Skizze.

B Eine Mitschülerin oder ein Mitschüler bezeichnet die Ecken des Würfels mit den Zahlen 1 bis 8 zum Beispiel so:
«unten: hinten links ist 1, vorne links ist 2, vorne rechts ist 3, hinten rechts ist 4»
«oben: hinten links ist 5, vorne links ist 6, vorne rechts ist 7, hinten rechts ist 8».

C Denke dir jetzt – immer noch mit geschlossenen Augen – den Würfel mit den durch die Zahlen bezeichneten Ecken.

D Beantworte die Fragen deiner Mitschülerin oder deines Mitschülers. Beispiele für solche Fragen:
- «Welche Ecken sind direkte Nachbarn von 1?»
- «Welche Ecke ist am weitesten von 2 entfernt?»
- «Welches sind die Eckpunkte der rechten Seitenfläche?»
- «Welches sind Anfangs- und Endpunkt des Pfeils von vorne-unten-rechts nach hinten-unten-links?»
- «In welche Richtung verläuft der Pfeil von 3 nach 7?»
- «...»

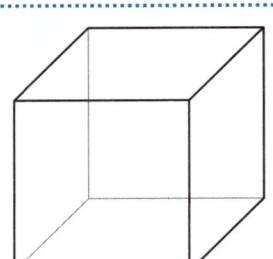

⠿ Selbstbeurteilung «Messen und zeichnen»

Ich kann...

☐ Winkel mit Geodreieck messen und zeichnen. **SB 1 und 2   AH 3**

☐ Parallelen und Senkrechte zu einer Geraden mit Geodreieck und Lineal zeichnen. **SB 4   AH 1**

☐ spitze, rechte und stumpfe Winkel voneinander unterscheiden. **SB 3   AH 2**

Zusätzlich kann ich...

Im Bereich «Lernstandserhebung und Wiederholung» werden keine Zusatzanforderungen ausgewiesen.

☐ Weitere Aufgaben   **A305-03**

☐ Arbeitsrückschau im Merkheft **A305-04**

Koordinaten   6

Eckpunkte einer Spirale

1

A Bestimme die Koordinaten der Eckpunkte dieser Spirale.

P_1 (0 / 0) P_6 (__ / __) P_{11} (__ / __)

P_2 (1 / 0) P_7 (__ / __) P_{12} (__ / __)

P_3 (__ / __) P_8 (__ / __) P_{13} (__ / __)

P_4 (__ / __) P_9 (__ / __) P_{14} (__ / __)

P_5 (__ / __) P_{10} (__ / __) P_{15} (__ / __)

B Denke dir die Spirale fortgesetzt. Bestimme die Koordinaten der nächsten 4 Eckpunkte.

P_{16} (__ / __) P_{18} (__ / __)

P_{17} (__ / __) P_{19} (__ / __)

Punkte im Koordinatensystem

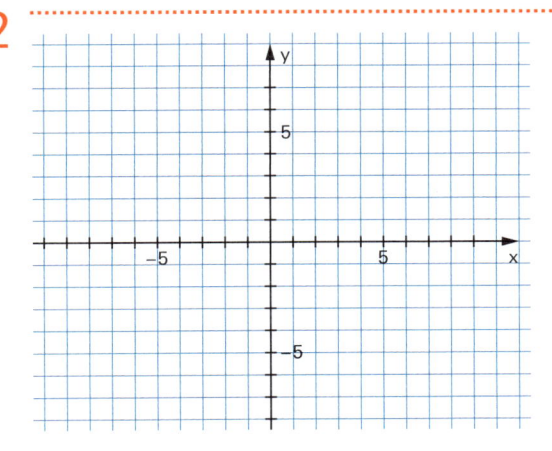

2

A Zeichne ein Viereck mit den vier Punkten A(2/1), B(1/3), C(−3/1) und D(−2/−1) in das Koordinatensystem.
B Verdopple bei allen vier Punkten die Koordinaten und zeichne die vier neuen Punkte in das Koordinatensystem ein.
C Zeichne eine andere Figur in ein Koordinatensystem, verdopple die Koordinaten deiner Punkte und zeichne die neue Figur in das Koordinatensystem. Tauscht eure Aufgaben aus.

Koordinaten

*Geogebra-Anwendung **A306-01***

3
- **A** Zeichne die Punkte A(−5/1), B(−2/−2) und C(1/1) in ein Koordinatensystem.
- **B** Bestimme die Koordinaten des Punktes D so, dass das Viereck ABCD ein Quadrat wird.
- **C** Addiere zu allen x-Koordinaten der vier Punkte die Zahl 8 und zeichne die neue Figur. Was stellst du fest?
- **D** Addiere zu allen y-Koordinaten der ursprünglichen vier Punkte die Zahl 10 und zeichne die neue Figur. Was stellst du fest?
- **E** Addiere zu allen x-Koordinaten der ursprünglichen Punkte die Zahl 8 und gleichzeitig zu allen y-Koordinaten die Zahl 10. Zeichne die neue Figur. Was stellst du fest?
- **F** Erfindet weitere solche Aufgaben und tauscht sie untereinander aus.

4
- **A** Zeichne die Punkte A(1/−2), B(4/−1), C(2/5) und D(−1/4) in ein Koordinatensystem. Um welchen Typ Viereck handelt es sich?
- **B** Ändere die Vorzeichen aller x-Koordinaten der vier Punkte A, B, C und D. Zeichne das neue Viereck in das Koordinatensystem. Was stellst du fest?
- **C** Ändere die Vorzeichen aller y-Koordinaten der vier Punkte A, B, C und D. Zeichne das neue Viereck in das Koordinatensystem. Was stellst du fest?
- **D** Ändere die Vorzeichen aller Koordinaten der vier Punkte A, B, C und D. Zeichne das neue Viereck in das Koordinatensystem. Was stellst du fest?
- **E** Erfindet weitere solche Aufgaben und tauscht sie untereinander aus.

*Geogebra-Anwendung **A306-02***

5
- **A** Zeichne die Punkte A(5/2), B(13/6), C(9/14) und D(1/10) in ein Koordinatensystem.
- **B** Um welchen Typ Viereck handelt es sich?
- **C** Spiegle das Viereck ABCD am Punkt (0/0). Bestimme die Koordinaten der Eckpunkte des neuen Vierecks.

*Geogebra-Anwendung **A306-03***

6
- **A** Zeichne die Punkte A(2/4), B(6/8) und C(1/8) in ein Koordinatensystem.
- **B** Zeichne in das Koordinatensystem die Gerade g, welche durch den Ursprung und den Punkt P(10/10) geht.
- **C** Spiegle das Dreieck ABC an der Geraden g. Bestimme die Koordinaten der Eckpunkte des gespiegelten Dreiecks. Was stellst du fest?

7
- **A** Zeichne die Punkte P_1(2/8) und P_2(6/8) in ein Koordinatensystem.
- **B** Die Verbindungsstrecke P_1P_2 soll die Seite eines Quadrates sein. Bestimme die Koordinaten der beiden anderen Eckpunkte P_3 und P_4. Es gibt zwei Lösungen.
- **C** Bestimme die Fläche dieses Quadrates (Anzahl Karos).

8
- **A** Zeichne die Punkte P_1(2/4), P_2(12/4) und P_3(12/9) in ein Koordinatensystem.
- **B** Die drei Punkte sollen die Eckpunkte eines Rechtecks sein. Bestimme die Koordinaten des vierten Eckpunktes P_4.
- **C** Bestimme die Fläche dieses Rechtecks.
- **D** Wähle einen Punkte P_5 auf der Strecke zwischen P_3 und P_4. Bestimme seine Koordinaten.
- **E** Bestimme die Fläche (Anzahl Karos) des Dreiecks $P_1P_2P_5$. Vergleicht eure Lösungswege und Ergebnisse.

Koordinaten

9 Diese Karte stellt sehr vereinfacht die Schweiz dar. 13 Grenzpunkte sind rot eingezeichnet.
Die schwarzen Punkte in der Karte markieren die Städte Bern (B), Genf (G), Lugano (L), St. Gallen (S) und Zürich (Z).

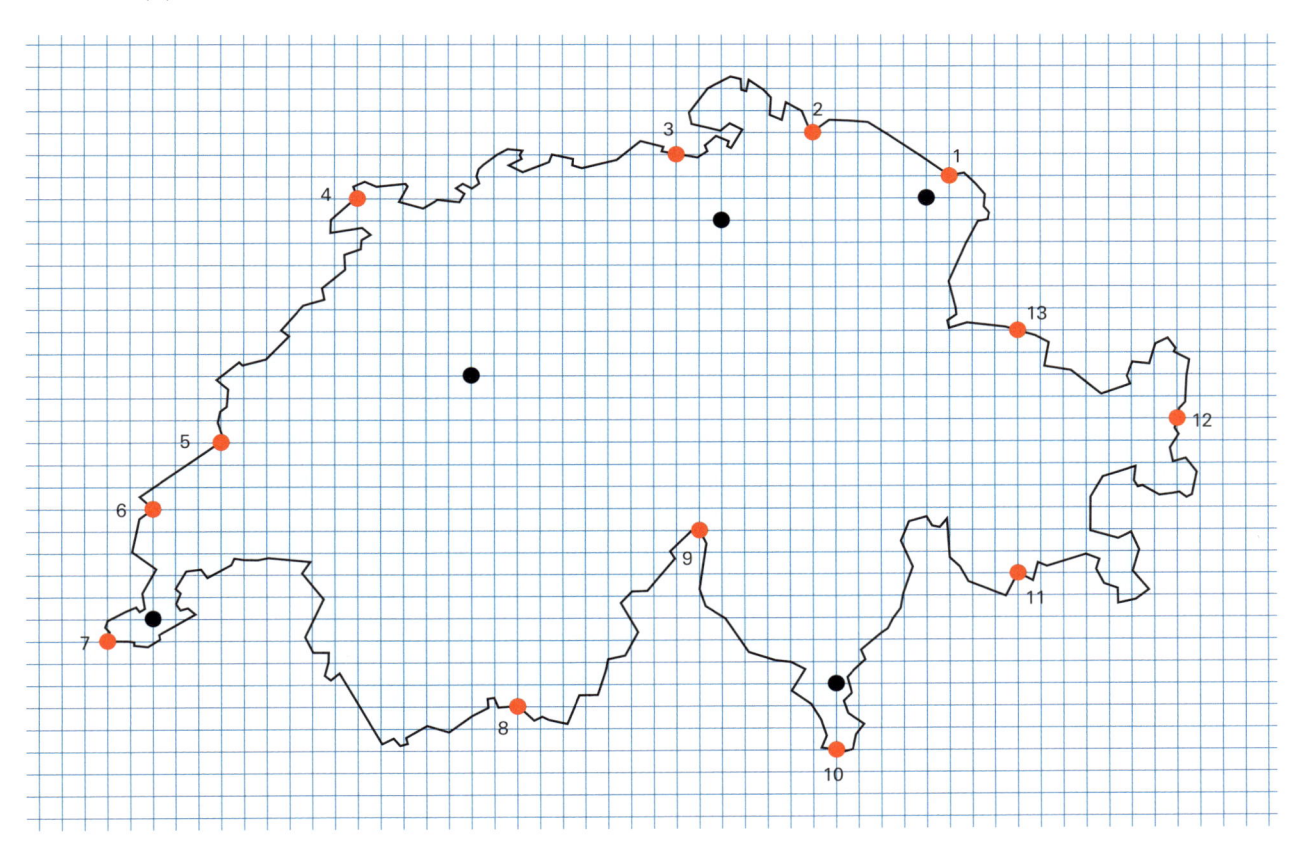

A Bezeichne die schwarzen Punkte in der Karte mit den entsprechenden Buchstaben.
B Wähle Genf als Ursprung eines Koordinatensystems und zeichne die Achsen im Raster ein. Dabei gilt eine Häuschenbreite als Einheit.
C Bestimme die Koordinaten der anderen Städte.
D Bestimme die Koordinaten der 13 bezeichneten Grenzpunkte.
E Wähle eine andere Stadt als Nullpunkt. Löse die Aufgaben B bis D mit dem neuen Nullpunkt und notiere die Ergebnisse in einer anderen Farbe. Was stellst du fest?

Koordinaten

▶ Kopfgeometrie

Türme bauen nach Plan

KV «Grundrisspläne» sowie Kopfgeometrie online **A306-04**

Auf einem 3-mal-3-Feld stehen Türme der Höhe 1, 2, 3 oder 4.

Der Grundrissplan zu den Türmen sieht so aus:

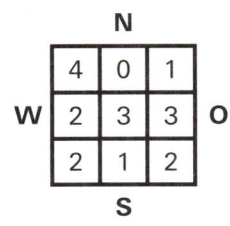

	N	
4	0	1
2	3	3
2	1	2

W ← → O
S

In jedem der neun Felder steht eine Zahl, welche die Höhe des Turmes angibt.

Die vier Seitenansichten sehen so aus:

von Norden 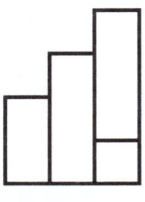 — von Osten 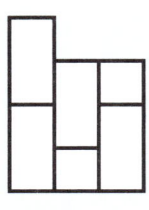 — von Süden  — von Westen

Die Seitenansicht zeigt jeweils die sichtbaren Teile der einzelnen Türme.
Erstellt eigene Grundrisspläne und skizziert jeweils die vier Seitenansichten dazu.

⁞ Selbstbeurteilung «Koordinaten»

Ich kann…

- ☐ die Begriffe Koordinatensystem, x-Koordinate, y-Koordinate und Ursprung erklären. **SB 3**
- ☐ die Bedeutung der Vorzeichen von Koordinaten erklären. **SB 3 AH 4**
- ☐ bei gegebenen Koordinaten die Punkte in ein Koordinatensystem einzeichnen. **SB 5 AH 2 und 3**
- ☐ Koordinaten von Punkten aus einem Koordinatensystem herauslesen. **SB 4 und 6 AH 1 und 9**

Zusätzlich kann ich…

Im Bereich «Lernstandserhebung und Wiederholung» werden keine Zusatzanforderungen ausgewiesen.

- ☐ Weitere Aufgaben **A306-05**

- ☐ Arbeitsrückschau im Merkheft **A306-06**

Dezimalbrüche

Zahldarstellungen

1 Ergänze die Tabelle.

in der Stellentafel darstellen	schreiben	zerlegen
T H Z E z h t • ••• ••	1030,02	1 T + 3 Z + 2 h 1000 + 30 + 0,02 $1 \cdot 1000 + 3 \cdot 10 + 2 \cdot \frac{1}{100}$
T H Z E z h t	121,212	
T H Z E z h t		3 z + 2 h + 1 t
T H Z E z h t		$2 \cdot 1 + 2 \cdot \frac{1}{100} + 2 \cdot \frac{1}{1000}$
T H Z E z h t •• • • ••		

2 Schreibe als Dezimalbruch.

A	B	C	D
3 h + 3 t	2 z + 2 h + 2 t	1 z − 1 h	1 E − 1 z − 1 h
2 z + 5 h	3 E + 3 z + 3 t	1 h − 1 t	1 E − 8 h − 1 t
1 E + 5 h	7 z + 6 z + 5 z	1 E − 1 z	1 E − 2 z − 3 t
2 Z + 2 z	5 E + 6 h + 7 h	1 E − 1 h	5 z − 5 h − 5 t

3 Zähle vorwärts.

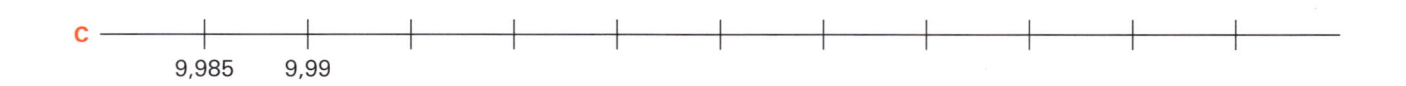

A |—— 0,1 —— 0,35 ——|——|——|——|——|——|——|——|——|——|——|

B |—— 0,01 —— 0,06 ——|——|——|——|——|——|——|——|——|——|——|

C |—— 9,985 —— 9,99 ——|——|——|——|——|——|——|——|——|——|——|

D |—— 0,85 ——|——|——|——|—— 1,15 ——|——|——|——|——|——|——|

4 Zähle rückwärts.

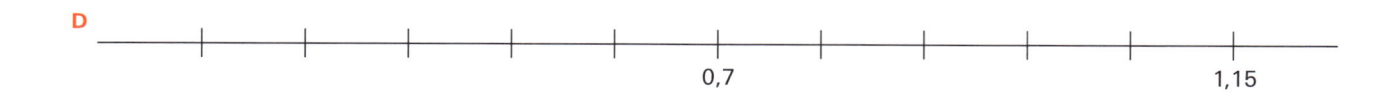

A |——|——|——|——|——|——|——|——|——|—— 2,25 —— 2,4 ——|

B |——|——|——|——|——|——|——|——|——|—— 1,06 —— 1,14 ——|

C |——|——|——|——|——|——|——|——|——|—— 1,017 —— 1,025 ——|

D |——|——|——|——|——|—— 0,7 ——|——|——|——|—— 1,15 ——|

Dezimalbrüche 7

Grundoperationen mit Dezimalbrüchen (Kopfrechnen)

Addieren und subtrahieren

5

	A	B	C	D
	2,4 + 19	7 + 6,8	100 − 56	30 − 19
	2,4 + 1,9	0,7 + 6,8	100 − 5,6	3 − 1,9
	2,4 + 0,19	0,7 + 0,68	100 − 0,056	0,03 − 0,019
	2,4 + 0,019	0,07 + 6,8	100 − 0,56	0,3 − 0,19

Multiplizieren

6 Nutze verwandte Rechnungen.

	A	B	C	D
	80 · 9 000	0,006 · 800	1,5 · 50	8 000 · 0,02
	80 · 900	0,06 · 800	1,5 · 5 000	700 · 0,3
	80 · 90	0,6 · 800	1,5 · 500	60 · 4
	80 · 9	6 · 800	1,5 · 0,5	5 · 50
	80 · 0,9	60 · 800	1,5 · 0,005	0,4 · 600
	80 · 0,09	600 · 800	1,5 · 5	0,03 · 7 000
	80 · 0,009	6 000 · 800	1,5 · 0,05	0,002 · 80 000

Dividieren

7

	A	B	C	D
	540 : 6	0,042 : 7	48 : 12	100 : 25
	54 : 6	0,42 : 7	48 : 1,2	10 : 2,5
	5,4 : 6	4 200 : 7	65 : 1,3	1 000 : 125
	0,54 : 6	420 : 7	650 : 13	100 : 12,5
	0,054 : 6	42 : 7	9 : 1,5	10 : 1,25
	0,0054 : 6	4,2 : 7	90 : 15	1 : 0,25

8

	A	B	C	D
	32 000 : 8 000	0,64 : 0,08	36 000 : 90	72 : 8
	3 200 : 800	64 : 8	36 : 90	72 : 80
	320 : 80	6,4 : 0,8	3 600 : 900	72 : 0,8
	32 : 8	6 400 : 800	3,6 : 0,9	45 : 0,5
	3,2 : 0,8	640 : 800	36 : 9	45 : 5
	0,32 : 0,08	64 000 : 8 000	0,36 : 0,09	4,5 : 0,5

9

	A	B	C	D
	100 : 2 000	1 000 : 5 000	1 000 : 8	10 : 4
	100 : 200	1 000 : 500	100 : 80	10 : 40
	100 : 20	1 000 : 5	100 : 8	100 : 400
	100 : 2	1 000 : 50	10 : 0,8	100 : 4
	100 : 0,2	1 000 : 0,5	1 000 : 0,8	1 : 4
	100 : 0,02	1 000 : 0,05	100 : 0,08	1 : 0,4

Dezimalbrüche

Plättchen verschieben

10 Ergänze die Tabelle.

Stellentafel	gelegte Zahl	Schiebe alle Plättchen ...	Das entspricht der Operation ...	neue Zahl
T H Z E z h t (•• in H, •• in E)	202	... um 1 Stelle nach rechts	: 10	20,2
T H Z E z h t (• in Z, •• in h)		... um 3 Stellen nach links		
T H Z E z h t (••• in H, •• in E, • in t)		... um 2 Stellen nach links		
T H Z E z h t			: 1 000	0,012
T H Z E z h t	30,01			300,1
T H Z E z h t	103,0	... um 3 Stellen nach links		
T H Z E z h t	320,1		: 1 000	

11 Finde mit 5 Plättchen möglichst viele Zahlen zwischen 21 und 30.

Z	E	z	h	t

Selbstbeurteilung «Dezimalbrüche»

Ich kann ...

☐ die Stellenwertschreibweise von Zahlen verstehen und erklären.
SB 2 und 7   AH 1, 2, 10, und 11

☐ die Lage von Zahlen auf dem Zahlenstrahl angeben.   SB 1 und 3   AH 3 und 4

☐ die vier Grundoperationen mit Dezimalbrüchen im Kopf ausführen.
SB 4, 5 und 6   AH 5 bis 9

Zusätzlich kann ich ...

Im Bereich «Lernstandserhebung und Wiederholung» werden keine Zusatzanforderungen ausgewiesen.

☐ Weitere Aufgaben   **A307-01**

☐ Arbeitsrückschau im Merkheft   **A307-02**

Brüche – Dezimalbrüche – Prozente 8

Gebrochene Zahlen auf dem Zahlenstrahl

1 Zeichne diese Zahlen auf dem entsprechenden Zahlenstrahl ein.
Schreibe die Zahlen jeweils in den beiden anderen Schreibweisen dazu.

A 0,2   0,35   0,7 $\frac{1}{10}$ $\frac{2}{5}$ $\frac{2}{3}$ 5%   40%   95%

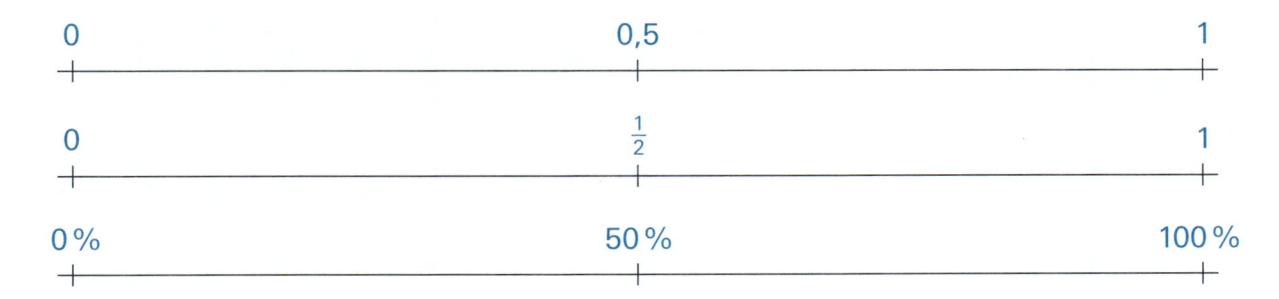

0 — 0,5 — 1

0 — $\frac{1}{2}$ — 1

0% — 50% — 100%

B 0,25   0,6   1,15 $\frac{1}{3}$ $\frac{5}{8}$ $\frac{6}{5}$ 55%   80%   105%

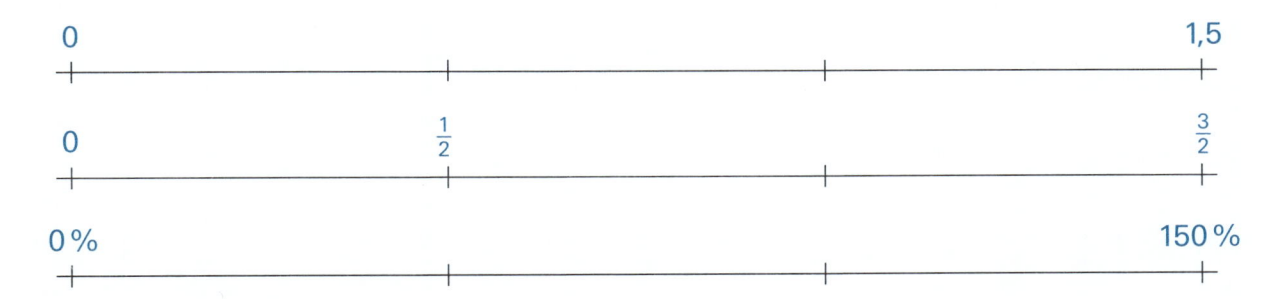

0 — 1,5

0 — $\frac{1}{2}$ — $\frac{3}{2}$

0% — 150%

Zahlen unterschiedlich darstellen

2 Vervollständige die Tabelle.

Bruch	Kreismodell	Flächenmodell	Streckenmodell	Grössenmodell	Dezimalbruch	Prozent
$\frac{3}{4}$						
			$\frac{7}{8}$ kg = 875 g			
				$\frac{5}{6}$ = 5 : 6 = 0,8$\overline{3}$		

Zahlen in der Stellentafel

3 Vervollständige die Tabellen.

Tabelle 1

ZT	T	H	Z	E	z	h	t	zt	ht		
			••		••					Startzahl	20,2
	••		••							das Tausendfache	_____
										das Hundertfache	_____
										_____	202
										das Einfache	_____
				••		••				_____	_____
										ein Hundertstel	_____
										ein Tausendstel	_____

Tabelle 2

ZT	T	H	Z	E	z	h	t	zt	ht		
										Startzahl	1,02
										das Tausendfache	_____
										_____	102
										das Zehnfache	_____
										das Einfache	_____
										ein Zehntel	_____
					•			••		_____	_____
										ein Tausendstel	_____

Brüche – Dezimalbrüche – Prozente 8

4 Ergänze die fehlenden Angaben.

A				B		
2,7	das Zehnfache	27		0,35	_____	350
2,7	ein Zehntel	_____		350	_____	0,035
0,5	das Hundertfache	_____		0,51	_____	5 100
0,5	ein Hundertstel	_____		5,1	_____	0,0051
3,06	das Tausendfache	_____		4,05	_____	40 500
3,06	ein Tausendstel	_____		40,5	_____	0,405

C				D		
_____	das Zehnfache	8		0,002	_____	20
_____	ein Zehntel	0,8		2,02	_____	20 200
_____	das Hundertfache	81		22,022	_____	2,2022
_____	ein Hundertstel	0,81		200,02	_____	20 002
_____	das Tausendfache	30,5		2020,2	_____	2,0202
_____	ein Tausendstel	3,05		0,022	_____	22

Brüche addieren und subtrahieren

5

A $\frac{1}{2} + \frac{1}{3} =$

$\frac{1}{3} + \frac{1}{4} =$

$\frac{1}{4} + \frac{1}{5} =$

B $\frac{2}{3} + \frac{1}{6} =$

$\frac{3}{4} + \frac{1}{8} =$

$\frac{4}{5} + \frac{1}{10} =$

C $\frac{2}{5} + \frac{3}{10} =$

$\frac{3}{8} + \frac{7}{10} =$

$\frac{3}{4} + \frac{3}{10} =$

D $\frac{7}{8} + \frac{1}{2} =$

$\frac{7}{8} - \frac{1}{4} =$

$\frac{7}{8} - \frac{1}{3} =$

E $\frac{5}{6} + \frac{2}{3} =$

$\frac{3}{4} - \frac{5}{8} =$

$\frac{2}{3} - \frac{5}{12} =$

F $\frac{4}{5} - \frac{3}{8} =$

$\frac{7}{6} - \frac{2}{3} =$

$\frac{9}{8} - \frac{5}{6} =$

Brüche erweitern und kürzen

6 Schreibe die Brüche anders, ohne ihren Wert zu verändern.

A $\frac{1}{4} = \frac{}{12}$

$\frac{2}{5} = \frac{}{25}$

$\frac{3}{8} = \frac{}{40}$

B $\frac{3}{4} = \frac{12}{}$

$\frac{4}{5} = \frac{12}{}$

$\frac{6}{8} = \frac{12}{}$

C $\frac{16}{24} = \frac{}{6}$

$\frac{18}{24} = \frac{}{4}$

$\frac{20}{24} = \frac{}{12}$

D $\frac{15}{20} = \frac{3}{}$

$\frac{8}{20} = \frac{2}{}$

$\frac{9}{24} = \frac{3}{}$

Brüche – Dezimalbrüche – Prozente

7 Vergleiche die beiden Brüche (< oder >).

A $\frac{3}{4}$ $\frac{7}{10}$ B $\frac{5}{8}$ $\frac{7}{9}$ C $\frac{4}{9}$ $\frac{9}{10}$ D $\frac{4}{5}$ $\frac{7}{15}$

Kürzen

8 Kürze so weit als möglich.

A $\frac{36}{48} =$ $\frac{36}{50} =$ $\frac{36}{42} =$ B $\frac{25}{30} =$ $\frac{24}{30} =$ $\frac{21}{30} =$

Ziffernschreibweise

9 Notiere in Ziffernschreibweise.

A 36 Zehner
   24 Hundertstel
   29 Zehntel
   56 Tausendstel

B 342 Zehner
   342 Zehntel
   342 Hundertstel
   342 Hunderter

C 276 Zehntel
   135 Tausendstel
   632 Hunderter
   423 Zehner

10 Notiere in Ziffernschreibweise.

2 Millionen + 4 Tausender + 8 Einer

9 Hunderter + 15 Zehner + 65 Einer

3 Zehner + 12 Einer + 4 Hundertstel

42 Einer + 76 Zehntel + 123 Hundertstel + 2 361 Tausendstel

Selbstbeurteilung «Brüche – Dezimalbrüche – Prozente»

Ich kann …

☐ Dezimalbrüche am Zahlenstrahl und in der Stellentafel darstellen und ordnen. **SB 1, 3 und 4**   **AH 1, 3, 9 und 10**

☐ Brüche in unterschiedlichen Modellen (Kreismodell, Flächenmodell, Streckenmodell) darstellen. **SB 2**   **AH 2**

☐ Brüche mithilfe des Rechteckmodells addieren und subtrahieren. **SB 6**   **AH 5**

☐ Brüche erweitern und kürzen. **SB 7**   **AH 6 bis 8**

Zusätzlich kann ich …

Im Bereich «Lernstandserhebung und Wiederholung» werden keine Zusatzanforderungen ausgewiesen.

☐ Weitere Aufgaben   **A308-01**

☐ Arbeitsrückschau im Merkheft   **A308-02**

Flächen und Volumen 9

1 **A** Schätze zuerst die Grösse aller Flächeninhalte A dieser rechtwinkligen Figuren in cm².
  B Miss dann die Seitenlängen und berechne die Flächeninhalte. Vergleiche das Ergebnis mit deiner Schätzung.

Figur 1

Schätzung: A = _____

Berechnung: A = _____

Figur 2

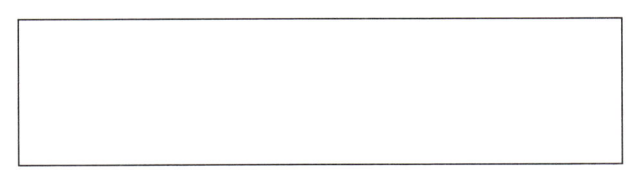

Schätzung: A = _____

Berechnung: A = _____

Figur 3

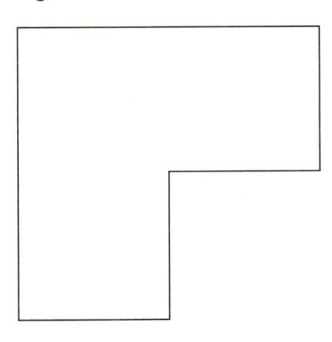

Schätzung: A = _____

Berechnung: A = _____

Figur 4

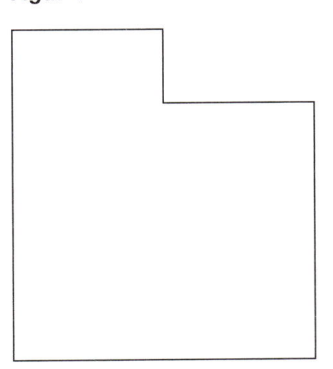

Schätzung: A = _____

Berechnung: A = _____

Flächen und Volumen

2 Bestimme die Flächeninhalte A dieser rechtwinkligen Figuren.

Figur 1

42 m, 18 m

A = _____

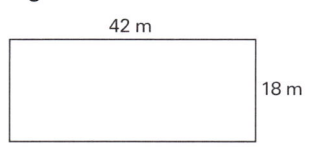

Figur 2

50 m, 20 m, 25 m, 10 m

A = _____

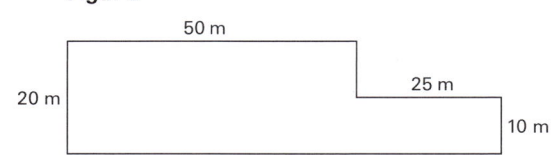

Figur 3

600 m, 150 m, 150 m, 150 m, 300 m, 150 m

A = _____

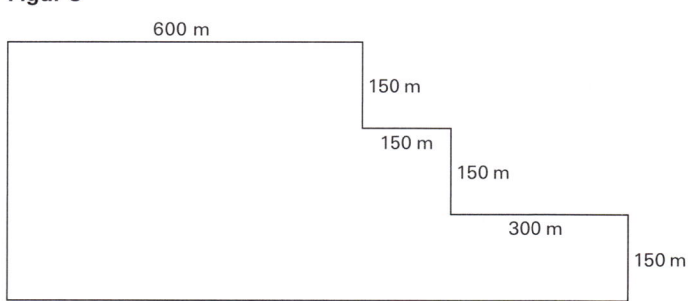

Figur 4

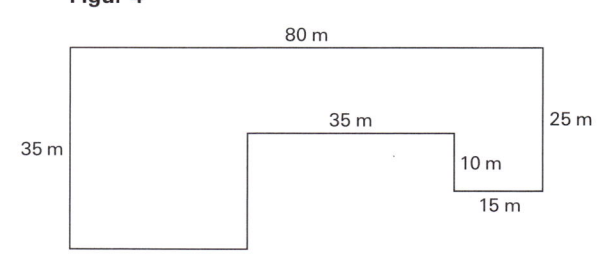

80 m, 35 m, 35 m, 25 m, 10 m, 15 m

A = _____

3 Bestimme das Volumen V dieser rechtwinkligen Körper.

Körper 1

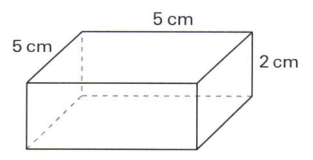

5 cm, 5 cm, 2 cm

V = _____

Körper 2

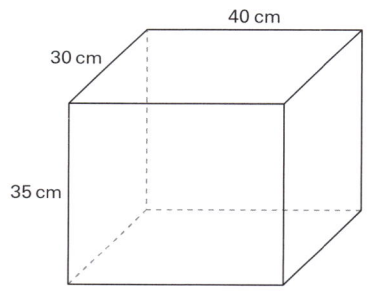

40 cm, 30 cm, 35 cm

V = _____

Körper 3

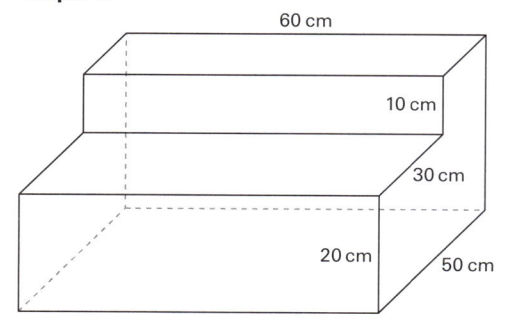

60 cm, 10 cm, 30 cm, 20 cm, 50 cm

V = _____

Körper 4

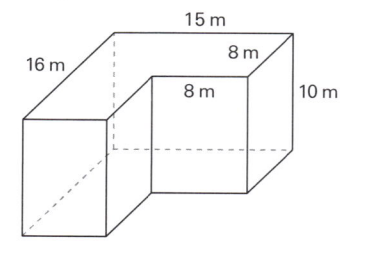

15 m, 16 m, 8 m, 8 m, 10 m

V = _____

Flächen und Volumen

4 **A** Bestimme die gesamte Oberfläche S und das Volumen V dieser Quader.

Quader 1

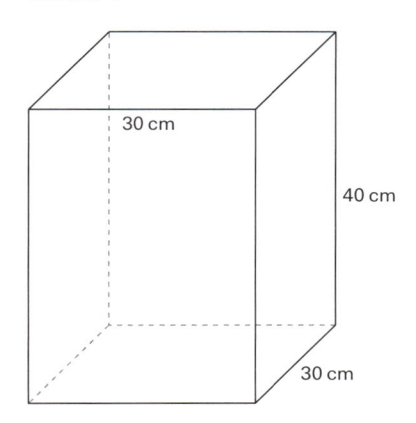

30 cm
40 cm
30 cm

S = _____

V = _____

Quader 2

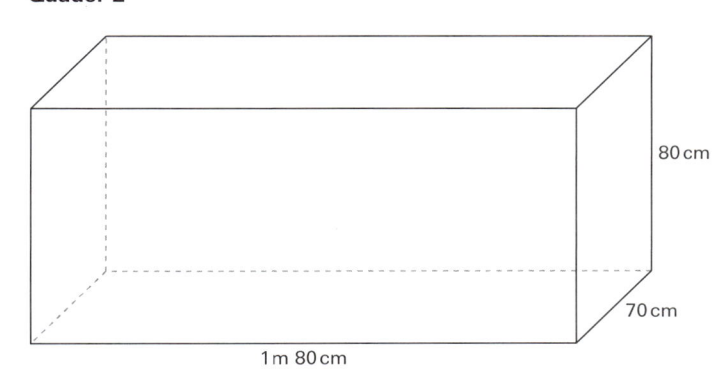

80 cm
70 cm
1 m 80 cm

S = _____

V = _____

B Erfinde weitere solche Aufgaben. Löse sie. Tausche sie mit Kolleginnen oder Kollegen aus.

C Zeichne weitere Quader und schreibe die Massangaben dazu. Bestimme die Oberfläche S und das Volumen V. Kontrolliert euch gegenseitig.

5 Der Flächeninhalt dieser Figuren ist immer 36 cm² gross. Bestimme die fehlende Seite.

A Die Figur ist ein Rechteck. Eine Seite ist 4 cm lang.

B Die Figur ist ein Rechteck. Eine Seite ist 10 cm lang.

C Die Figur ist ein Quadrat.

D Skizziere weitere rechtwinklige Figuren mit der Fläche 36 cm² und tausche sie mit Kolleginnen und Kollegen aus.

6 Das Volumen dieser Quader beträgt immer 216 cm³.

A Eine Seite ist 6 cm lang und eine zweite Seite ist 12 cm lang. Berechne die Länge der dritten Seite.

B Eine Seite ist 8 cm lang und eine zweite Seite ist 2 cm lang. Berechne die Länge der dritten Seite.

C Alle Seiten sind gleich lang. Berechne die Seitenlänge.

Flächen und Volumen

▶ Kopfgeometrie

Türme bauen nach Ansichten

KV «Seitenansichten» sowie Kopfgeometrie online **A309-01**

Auf dem 3-mal-3-Feld stehen neun Türme der Höhe 1, 2 oder 3.
Die vier Seitenansichten sehen so aus:

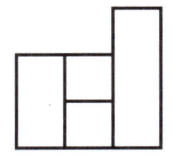

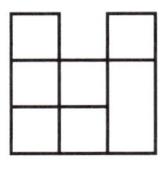

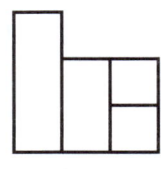

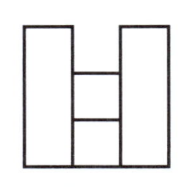

von Norden   von Osten   von Süden   von Westen

Der Grundrissplan dazu sieht so aus: Das Gebäude dazu sieht so aus:

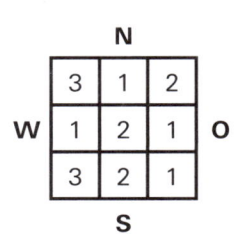

```
     N
   3 1 2
 W 1 2 1 O
   3 2 1
     S
```

Analysiere die Seitenansichten auf der Kopiervorlage und baue die entsprechenden neun Türme. Übertrage jeweils die neun Zahlen auf den Grundrissplan.
Achtung: Manchmal gibt es mehrere Lösungen.

⋮⋮ Selbstbeurteilung «Flächen und Volumen»

Ich kann…

☐ Beispiele zu Flächen von 1 mm², 1 cm², 1 dm² und 1 m² nennen. **SB 2**

☐ die Grösse verschiedener Flächen schätzen. **SB 3   AH 1**

☐ Beispiele zu Volumen von 1 cm³ = 1 ml, 1 dm³ = 1 l und 1 m³ = 1000 l nennen. **SB 4**

☐ Flächen und Volumen von einfachen rechtwinkligen Figuren und Körpern berechnen. **AH 1 bis 4**

Zusätzlich kann ich…

Im Bereich «Lernstandserhebung und Wiederholung» werden keine Zusatzanforderungen ausgewiesen.

☐ Weitere Aufgaben   **A309-02**

☐ Arbeitsrückschau im Merkheft   **A309-03**

x-beliebig — 10

Figurenfolgen weiterführen

1 Führe die Figurenfolgen weiter. Beschreibe die Veränderung von Figur zu Figur in Worten. Ergänze die Wertetabellen und beschreibe die Anzahl Hölzchen mit einem Term.

A

Beschreibung: Figur 1 hat drei Hölzchen. Bei jeder weiteren Figur kommen drei Hölzchen dazu.

Wertetabelle	Figur 1	Figur 2	Figur 3	Figur 4	Figur 5	Figur 10	Figur 20	Term Figur x
Anzahl Hölzchen	3	6	9	12	15	30	60	3·x

B

Beschreibung: F1 hat 4 H. Bei jeder weiteren F kommen 4 H. dazu

Wertetabelle	Figur 1	Figur 2	Figur 3	Figur 4	Figur 5	Figur 10	Figur 20	Term Figur x
Anzahl Hölzchen	4	8	12	16	20	40	80	4x

C

Beschreibung: Figur 1 hat vier Hölzchen. Von Figur zu Figur kommen jeweils drei Hölzchen dazu.

Wertetabelle	Figur 1	Figur 2	Figur 3	Figur 4	Figur 5	Figur 10	Figur 20	Term Figur x
Anzahl Hölzchen	4	7	10	13	16	31	61	3x+1

Von der Beschreibung zur Figurenfolge

2 Erfinde eine Figurenfolge, die zur Beschreibung passt. Ergänze die Wertetabelle und schreibe den Term zu deiner Folge.

A

	Figur 1	Figur 2	Figur 3	Figur 4

Beschreibung
Ich starte mit drei Hölzchen, bei jeder weiteren Figur kommen drei Hölzchen dazu.

Wertetabelle	Figur 1	Figur 2	Figur 3	Figur 4	Figur 5	Figur 10	Term Figur x
Anzahl Hölzchen	3	6	9	12	15	30	3x

B

	Figur 1	Figur 2	Figur 3	Figur 4

Beschreibung
Ich starte mit vier Hölzchen, bei jeder weiteren Figur kommen vier Hölzchen dazu.

Wertetabelle	Figur 1	Figur 2	Figur 3	Figur 4	Figur 5	Figur 10	Term Figur x
Anzahl Hölzchen	4						

C

	Figur 1	Figur 2	Figur 3	Figur 4

Beschreibung
Bei jeder Figur kommen zwei Hölzchen dazu, die erste Figur hat aber nur ein Hölzchen.

Wertetabelle	Figur 1	Figur 2	Figur 3	Figur 4	Figur 5	Figur 10	Term Figur x
Anzahl Hölzchen							

x-beliefig   10

D

Figur 1	Figur 2	Figur 3	Figur 4

Beschreibung
Ich starte mit drei Hölzchen, bei jeder weiteren Figur kommen zwei dazu.

Wertetabelle	Figur 1	Figur 2	Figur 3	Figur 4	Figur 5	Figur 10	Term Figur x
Anzahl Hölzchen							

E

Figur 1	Figur 2	Figur 3	Figur 4

Beschreibung
Ich starte mit einem Hölzchen, bei jeder weiteren Figur kommen immer drei dazu.

Wertetabelle	Figur 1	Figur 2	Figur 3	Figur 4	Figur 5	Figur 10	Figur 20	Term Figur x
Anzahl Hölzchen								

F

Figur 1	Figur 2	Figur 3	Figur 4

Beschreibung
Ich starte mit zwei Hölzchen, bei jeder weiteren Figur kommen immer drei dazu.

Wertetabelle	Figur 1	Figur 2	Figur 3	Figur 4	Figur 5	Figur 10	Figur 20	Term Figur x
Anzahl Hölzchen								

x-beliebig

Vom Term aus

3 Erstelle die Wertetabelle zum Term und notiere eine passende Beschreibung.

A

Wertetabelle	Figur 1	Figur 2	Figur 3	Figur 4	Figur 10	Term Figur x
Anzahl Hölzchen	2	4	6	8	20	2 · x

Beschreibung

_____

B

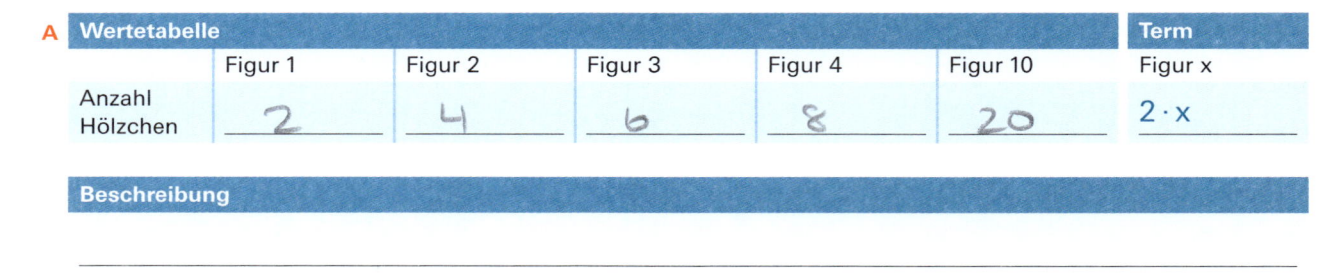

Wertetabelle	Figur 1	Figur 2	Figur 3	Figur 4	Figur 10	Term Figur x
Anzahl Hölzchen	3	6	9	12	30	3 · x

Beschreibung

_____

C

Wertetabelle	Figur 1	Figur 2	Figur 3	Figur 4	Figur 10	Term Figur x
Anzahl Hölzchen	4	7	10	13	31	3 · x + 1

Beschreibung

_____

D

Wertetabelle	Figur 1	Figur 2	Figur 3	Figur 4	Figur 10	Term Figur x
Anzahl Hölzchen	4	8	12	16	40	4 · x

Beschreibung

_____

E

Wertetabelle	Figur 1	Figur 2	Figur 3	Figur 4	Figur 10	Term Figur x
Anzahl Hölzchen	3	7	11	15	39	4 · x − 1

Beschreibung

_____

x-beliebig

Hölzchen, Punkte, Innenflächen

4 Ergänze die fehlenden Figuren sowie die Tabellen.

A

Figur 1	Figur 2	Figur 3	Figur 4

Wertetabelle	Figur 1	Figur 2	Figur 3	Figur 4	Figur 10	Figur 100	Term Figur x
Anzahl Hölzchen	4	8	12	16	40	400	4 · x
Anzahl Punkte	4	7	10	13	31	301	3 · x + 1
Anzahl Innenflächen	1	2	3	4	10	100	x

B

Figur 1	Figur 2	Figur 3	Figur 4

Wertetabelle	Figur 1	Figur 2	Figur 3	Figur 4	Figur 10	Figur 100	Term Figur x
Anzahl Hölzchen	5	10	15	20	50	500	5x
Anzahl Punkte	4	7	10	13	31	301	3x + 1
Anzahl Innenflächen	2	4	6	8	20	200	2 · x

C

Figur 1	Figur 2	Figur 3	Figur 4

Wertetabelle	Figur 1	Figur 2	Figur 3	Figur 4	Figur 10	Figur 100	Term Figur x
Anzahl Hölzchen	5	12					
Anzahl Punkte	4						
Anzahl Innenflächen	2	6	10				4 · x − 2

x-beliebig — 10

5 **A** Zeichne eine eigene Figurenfolge mit Hölzchen, Punkten und Innenflächen und ergänze die Tabellen.

Figur 1	Figur 2	Figur 3	Figur 4

Wertetabelle							Term
	Figur 1	Figur 2	Figur 3	Figur 4	Figur 10	Figur 100	Figur x
Anzahl Hölzchen							
Anzahl Punkte							
Anzahl Innenflächen							

B Tauscht aus und überprüft eure Erfindungen.

Selbstbeurteilung «x-beliebig»

Ich kann …

- ☐ eine Figurenfolge weiterführen und die Wertetabelle erstellen. **SB 1 AH 1**
- ☐ anhand einer Beschreibung oder Wertetabelle eine Figurenfolge finden. **SB 4 AH 2**
- ☐ zu einem Term eine Wertetabelle erstellen. **SB 4B AH 3**
- ☐ zu einer Wertetabelle den Term finden. **SB 3 AH 1**

Zusätzlich kann ich …

- ☐ in Figurenfolgen Zusammenhänge erkennen, eine Wertetabelle erstellen und den Term finden. **SB 3, 5, 6, 8 und 9 AH 4**
- ☐ unterschiedliche Terme als gleichwertig erkennen. **SB 10**
- ☐ zu einem Term eine Figurenfolge und eine Beschreibung finden. **SB 7**

☐ Weitere Aufgaben «Grundanforderungen» **A310-01**

☐ Weitere Aufgaben «Zusatzanforderungen» **A310-02**

☐ Arbeitsrückschau im Merkheft **A310-03**

☐ Teste dich selbst **A310-04**

Knack die Box

Für das Füllen und Knacken von Boxen gelten bei allen Aufgaben folgende Regeln und Abmachungen:

Regeln
1. Beidseits des Gleichheitszeichens liegen gleich viele Hölzchen.
2. In Boxen gleicher Farbe liegen jeweils gleich viele Hölzchen.

Abmachungen
1. x steht für die Anzahl Hölzchen in der hellen Box.
2. y steht für die Anzahl Hölzchen in der dunklen Box.

Boxenanordnung

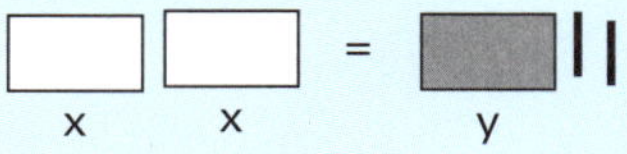

Gleichung

$2 \cdot x = y + 2$

Wertetabelle

x	1	2	3	4	5	6	7
y	0	2	4	6	8	10	12

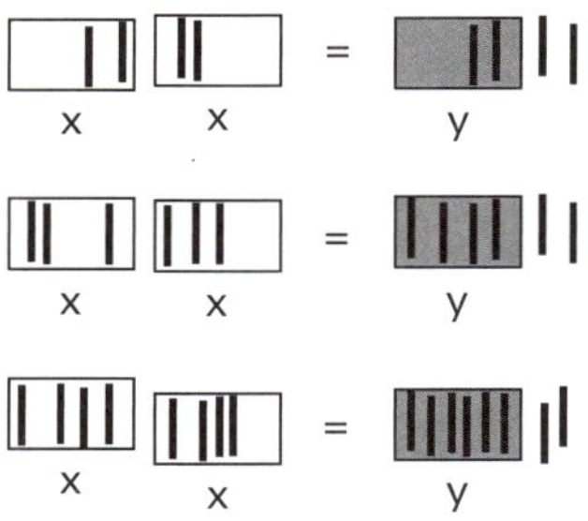

Passende Werte:

| x | 2 |
| y | 2 |

| x | 3 |
| y | 4 |

| x | 4 |
| y | 6 |

Boxen füllen

1 Notiere zu jeder Boxenanordnung die passende Gleichung und ergänze die Wertetabelle, wo dies möglich ist.

A Boxenanordnung

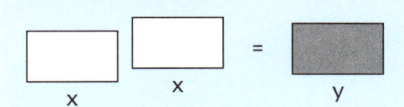

Gleichung

$2 \cdot x = y$

Wertetabelle

x	1	2	3	4	5	6	7
y	2	4	6	8	10	12	14

B Boxenanordnung

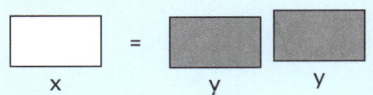

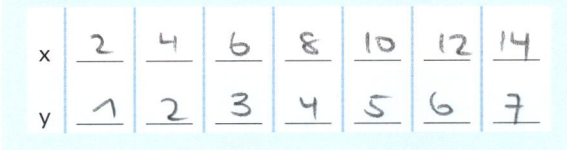

Gleichung

$x = 2y$

Wertetabelle

x	2	4	6	8	10	12	14
y	1	2	3	4	5	6	7

Knack die Box

C Boxenanordnung

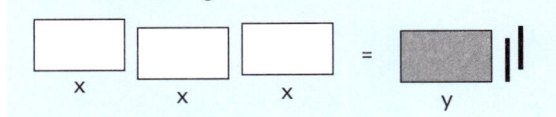

Gleichung

$3x = y + 2$
$3x - 2 = y$

Wertetabelle

x	1	2	3	4	5	6	7
y	1	4	7	10	13	16	19

D Boxenanordnung

Gleichung

$2x + y = 9$
$= \frac{9}{2x}$

Wertetabelle

x	1	2	3	4	5	6	7
y	4.5	9/4	1	9/8	0.9	9/12	9/18

E Boxenanordnung

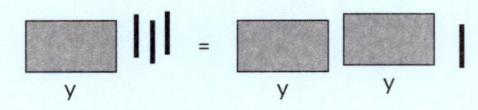

Gleichung

$y + 3 = 2y + 1$
$0 = y - 2$
$2 = y$

Wertetabelle

x						
y	2					

F Boxenanordnung

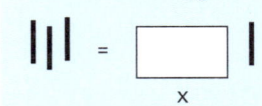

Gleichung

$3 = x + 1$
$2 = x$

Wertetabelle

x	2					
y						

G Boxenanordnung

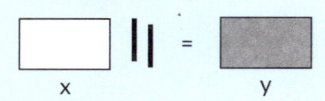

Gleichung

$x + 2 = y$

Wertetabelle

x	1	2	3	4	5	6	7
y	3	4	5	6	7	8	9

H Boxenanordnung

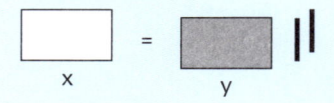

Gleichung

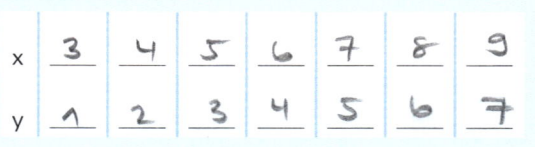

$x = y + 2$

Wertetabelle

x	3	4	5	6	7	8	9
y	1	2	3	4	5	6	7

Knack die Box 11 45

Eigene Erfindungen

2 Erfinde eigene Boxenanordnungen wie in Aufgabe 1.

A Boxenanordnung mit einer Boxensorte

Gleichung

_____ = _____

Wertetabelle

x							
y							

B Boxenanordnung mit zwei Boxensorten

Gleichung

_____ = _____

Wertetabelle

x							
y							

C Boxenanordnung mit …

Gleichung

_____ = _____

Wertetabelle

x							
y							

D Boxenanordnung mit …

Gleichung

_____ = _____

Wertetabelle

x							
y							

Knack die Box

Eine Boxensorte

3 Wie viele Hölzchen sind jeweils in einer Box? Ergänze die Tabelle.

Boxenanordnung	Gleichung	Text	Lösung der Gleichung
A	$2 \cdot y = 6$	In zwei dunklen Boxen liegen zusammen sechs Hölzchen. In einer dunklen Box liegen … **drei Hölzchen**	$y = 3$
B	$2 \cdot x = 6$	In zwei hellen Boxen liegen zusammen sechs Hölzchen. In einer hellen Box liegen … 3 H.	$x = 3$
C	$4 = 2y$	In zwei dunklen Boxen liegen zusammen vier Hölzchen. In einer dunklen Box liegen … 2 H.	$y = 2$
D	$x = 3$	In der hellen Box liegen … 3 H.	$x = 3$
E	$x + 3 = 6$	Drei Hölzchen und die Hölzchen in der hellen Box sind zusammen sechs Hölzchen. In einer hellen Box liegen … 3 H.	$x = 3$
F	$2 + x = 7$	Zwei Hölzchen und die Hölzchen in der hellen Box sind zusammen sieben Hölzchen. In einer hellen Box liegen … 5 H.	$x = 5$
G			

Knack die Box 11 47

Zwei Boxensorten

4 Notiere zu jeder Boxenanordnung die passende Gleichung und ergänze die Wertetabelle.

A Boxenanordnung

☐ = ▮ ▮ ▮

Gleichung

_____ = _____

Wertetabelle

x | __ | __ | __ | __ | __ | __
y | __ | __ | __ | __ | __ | __

B Boxenanordnung

☐ = ▮ ▮

Gleichung

_____ = _____

Wertetabelle

x | __ | __ | __ | __ | __ | __
y | __ | __ | __ | __ | __ | __

C Boxenanordnung

Gleichung

2 · x = y

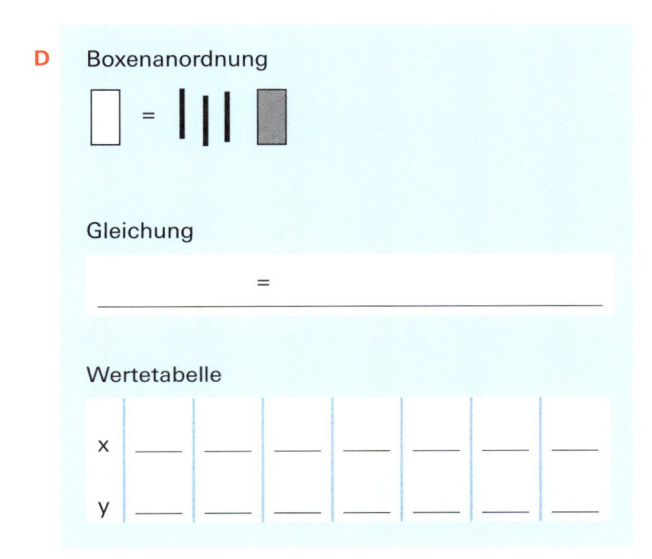

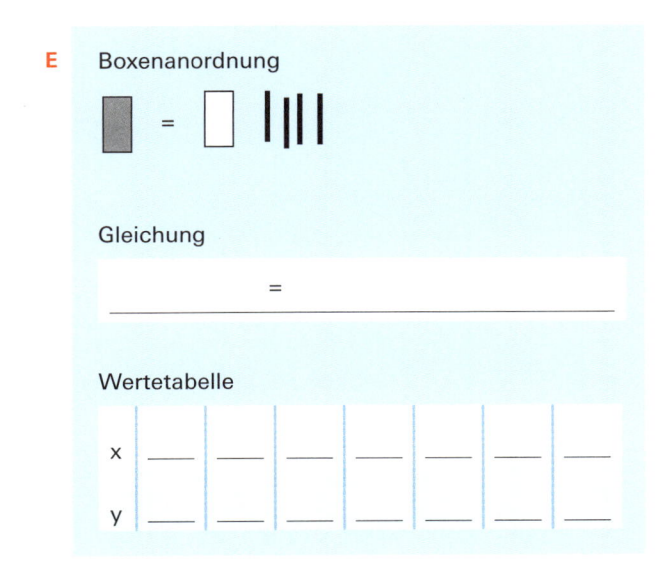

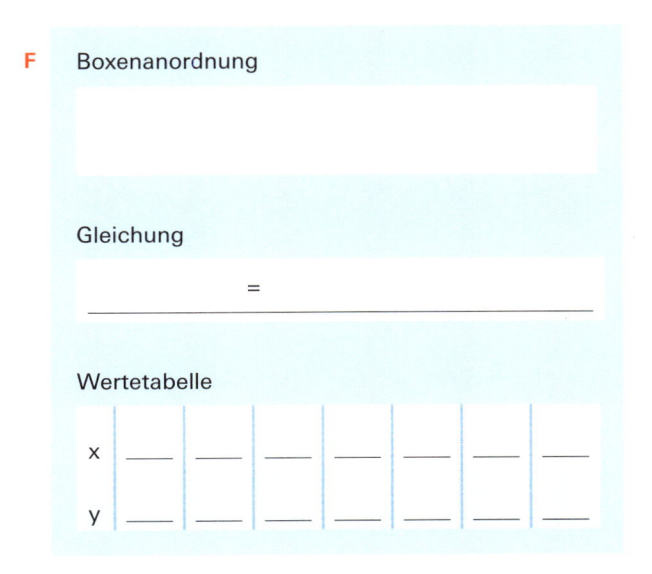

Wertetabelle

x | __ | __ | __ | __ | __ | __
y | __ | __ | __ | __ | __ | __

D Boxenanordnung

☐ = | | | ▮

Gleichung

_____ = _____

Wertetabelle

x | __ | __ | __ | __ | __ | __
y | __ | __ | __ | __ | __ | __

E Boxenanordnung

▮ = ☐ | | | |

Gleichung

_____ = _____

Wertetabelle

x | __ | __ | __ | __ | __ | __
y | __ | __ | __ | __ | __ | __

F Boxenanordnung

Gleichung

_____ = _____

Wertetabelle

x | __ | __ | __ | __ | __ | __
y | __ | __ | __ | __ | __ | __

Knack die Box

Welche Wertetabelle passt?

5 Ergänze die fehlende Gleichung und kreuze die passende Wertetabelle an.

A Boxenanordnung

☐ ☐ = ▮ |

Gleichung

_____

Tabelle 1

x	2	4	6	8	10	12	14	☐
y	1	2	3	4	5	6	7	

Tabelle 2

x	1	2	3	4	5	6	7	☐
y	1	3	5	7	9	11	13	

Tabelle 3

x	3	4	5	6	7	8	9	☐
y	1	2	3	4	5	6	7	

B Boxenanordnung

☐ = ▮ ▮

Gleichung

_____

Tabelle 1

x	2	4	6	8	10	12	14	☐
y	1	2	3	4	5	6	7	

Tabelle 2

x	1	2	3	4	5	6	7	☐
y	3	4	5	6	7	8	9	

Tabelle 3

x	3	4	5	6	7	8	9	☐
y	1	2	3	4	5	6	7	

C Boxenanordnung

☐ | | = ▮

Gleichung

_____

Tabelle 1

x	2	4	6	8	10	12	14	☐
y	1	2	3	4	5	6	7	

Tabelle 2

x	1	2	3	4	5	6	7	☐
y	3	4	5	6	7	8	9	

Tabelle 3

x	3	4	5	6	7	8	9	☐
y	1	2	3	4	5	6	7	

Knack die Box **11**

D Boxenanordnung

☐ ☐ = ▨

Gleichung

_____

Tabelle 1
x	2	4	6	8	10	12	14
y	1	2	3	4	5	6	7

Tabelle 2
x	1	2	3	4	5	6	7
y	3	4	5	6	7	8	9

Tabelle 3
x	1	2	3	4	5	6	7
y	2	4	6	8	10	12	14

E Boxenanordnung

Gleichung

_____

Tabelle 1
x	2	4	6	8	10	12	14
y	1	2	3	4	5	6	7

Tabelle 2
x	1	2	3	4	5	6	7
y	3	4	5	6	7	8	9

Tabelle 3
x	3	4	5	6	7	8	9
y	1	2	3	4	5	6	7

Was passt zusammen?

6 Markiere passende Felder mit der gleichen Farbe.

	Text	Gleichung	Boxenanordnung	Wertetabelle					
A	In der hellen Box liegen zwei Hölzchen mehr als in der dunklen.	$x = 3 \cdot y$	☐ ▨ = ∣∣∣ ∣∣∣ ∣∣	x	3	4	5	6	7	8
				y	1	2	3	4	5	6
B	In der hellen Box hat es dreimal so viele Hölzchen wie in der dunklen.	$x + y = 8$	☐ = ▨ ∣∣	x	0	1	2	3	4	5
				y	8	7	6	5	4	3
C	In der hellen und in der dunklen Box hat es zusammen 8 Hölzchen.	$x = y + 2$	☐ = ▨ ▨ ▨	x	3	6	9	12	15	18
				y	1	2	3	4	5	6

Knack die Box 11

7 Ergänze.

	Boxenanordnung	Gleichung	Wertetabelle	Text
A		$3 \cdot x = y$	x: 1 2 3 4 5 6 y: 3 6 9 12 15 18	
B	☐ I = ▮		x: _ _ _ _ _ _ y: _ _ _ _ _ _	In der dunklen Box liegt ein Hölzchen mehr als in der hellen Box.
C	☐ II = ▮▮		x: _ _ _ _ _ _ y: _ _ _ _ _ _	
D	☐ = ▮ I		x: _ _ _ _ _ _ y: _ _ _ _ _ _	
E			x: 1 2 3 4 5 6 y: 2 4 6 8 10 12	
F	☐ ▮ = IIIII		x: _ _ _ _ _ _ y: _ _ _ _ _ _	

Selbstbeurteilung «Knack die Box»

Ich kann...

☐ Boxenanordnungen in eine Gleichung übersetzen und umgekehrt. **SB 3 und 4 AH 1, 4 und 5**

☐ bei Boxenanordnungen entscheiden, in welcher Box mehr Hölzchen drin sind. **SB 4 AH 4**

☐ zu einer Gleichung mit einer Variablen die Lösung finden. **AH 3**

Zusätzlich kann ich...

☐ Schlüsselwörter verwenden, um Texte in Wertetabellen zu übersetzen und umgekehrt. **SB 7 und 8 AH 6 und 7**

☐ Boxenanordnungen – Gleichungen – Tabellen – Texte von einer Darstellung in eine andere übertragen. **SB 11 AH 7**

☐ eigene Texte zu Boxenanordnungen schreiben. **SB 7 bis 10 AH 4 und 8**

☐ Weitere Aufgaben «Grundanforderungen» **A311-01**

☐ Weitere Aufgaben «Zusatzanforderungen» **A311-02**

☐ Arbeitsrückschau im Merkheft **A311-03**

☐ Teste dich selbst **A311-04**

Parallelogramme und Dreiecke   **12**

Parallelogramme messen und berechnen

1
- **A** Benenne die Parallelogramme.
- **B** Bestimme die Umfänge der Figuren.
- **C** Bestimme bei den Parallelogrammen den Flächeninhalt.

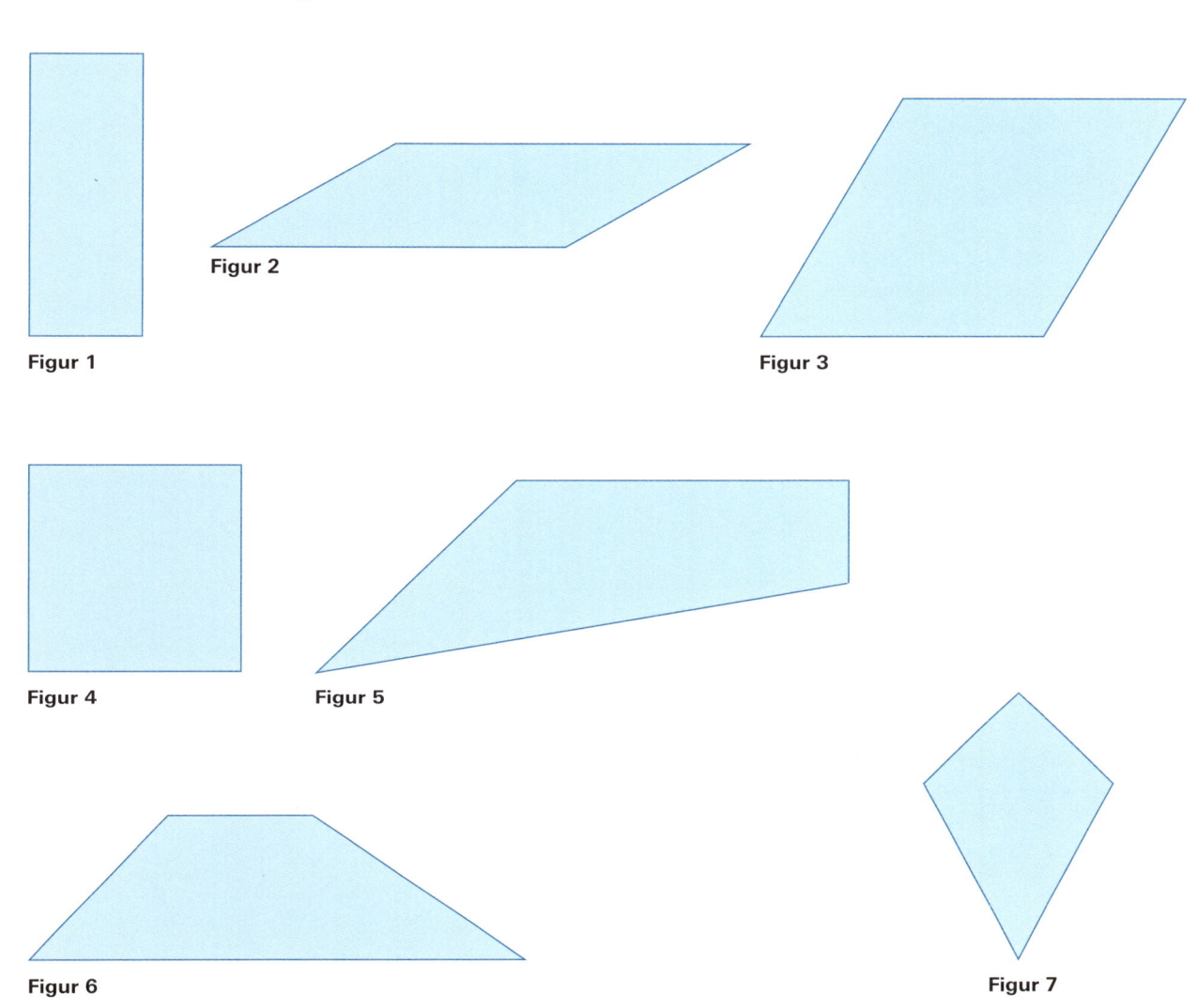

Figur 1

Figur 2

Figur 3

Figur 4

Figur 5

Figur 6

Figur 7

Parallelogramme mit gleichem Umfang

2
- **A** Nimm zwei A4-Blätter. Zeichne je ein Parallelogramm mit dem Umfang u = 30 cm auf. Die beiden Parallelogramme sollen unterschiedlich sein. Beschrifte jeweils die Seiten mit a und b.
- **B** Zeichne bei beiden Parallelogrammen jeweils die Höhe h_a und die Höhe h_b ein.
- **C** Berechne die Flächeninhalte einmal mithilfe der Höhe h_a und einmal mithilfe der Höhe h_b.
- **D** Zeichne ein Parallelogramm mit 30 cm Umfang, das möglichst gross ist. Wie gehst du vor?
- **E** Beschreibe allgemein: Wann ist der Flächeninhalt bei gleichem Umfang am grössten, wann wird er sehr klein?

Parallelogramme und Dreiecke 12

Vierecke legen, Flächeninhalt und Umfang bestimmen

Figuren aus zwei Dreiecken
KV «Formen» **A312-01**

3

A Wähle zwei Dreiecke aus der Kopiervorlage und lege damit ein Parallelogramm. Umfahre das Parallelogramm mit einem Stift. Miss und schreibe die Masse in die Skizze.
B Bestimme den Flächeninhalt und den Umfang des Parallelogramms.
C Gehe wie in Aufgabe A vor. Wähle dabei die beiden Dreiecke so, dass du folgende Figuren legen kannst: ein Quadrat, ein Rechteck und einen Rhombus. Bestimme jeweils den Flächeninhalt und den Umfang.

Umfang und Flächeninhalt eines Parallelogramms

4

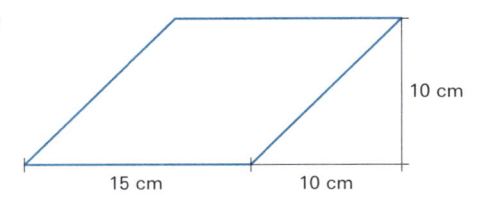

10 cm
15 cm 10 cm

A Zeichne das Parallelogramm mit den angegebenen Massen in die Mitte eines Blattes.
B Wandle es durch Zerschneiden und neu Zusammensetzen in ein Rechteck um.
C Bestimme den Flächeninhalt und den Umfang des gezeichneten Parallelogramms.

Dreieck nachlegen
KV «Formen» **A312-01**

5

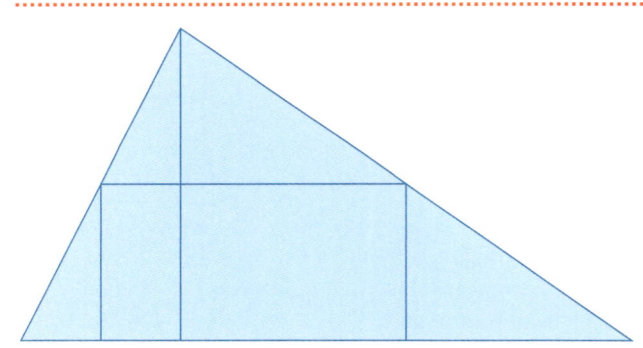

A Lege das abgebildete Dreieck mit den entsprechenden Formen nach.
B Verwandle das Dreieck durch Umlegen der Formen in ein flächengleiches Parallelogramm. Skizziere.
C Verwandle das Dreieck durch Umlegen der Formen in ein flächengleiches Rechteck. Skizziere.
D Bestimme den Flächeninhalt des Dreiecks.

Parallelogramme und Dreiecke **12**

Zwei unterschiedliche Dreiecksformen

6 **A** Lege mit zwei unterschiedlichen Dreiecksformen ein Viereck mit möglichst grossem Flächeninhalt, umfahre es mit einem Stift, bestimme den Flächeninhalt und beschreibe, wie du vorgehst.
B Gehe vor wie in Aufgabe A, lege aber ein möglichst kleines Viereck.
C Weshalb kannst du mit zwei unterschiedlichen Dreiecksformen kein Parallelogramm legen? Begründe.

Dreiecke messen und berechnen

7 **A** Beschrifte die Dreiecke und zeichne jeweils die drei Höhen ein.
B Bestimme jeweils den Flächeninhalt und den Umfang.

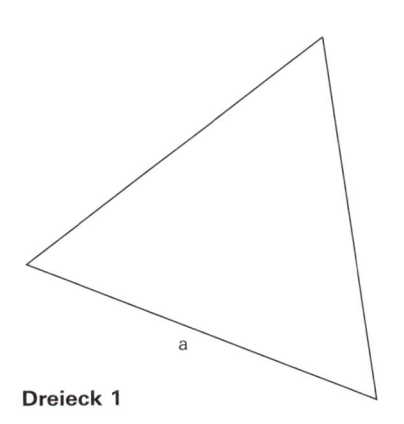

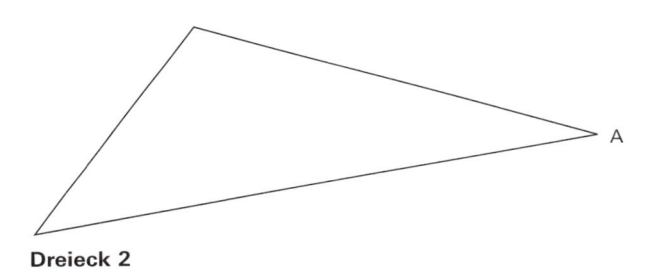

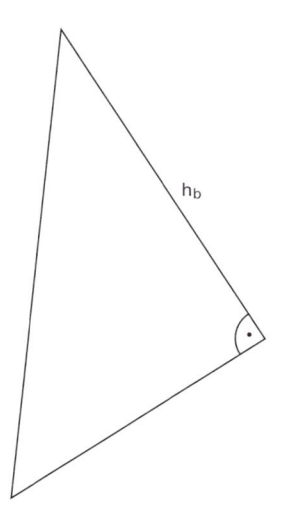

Dreieck 1 (Seite a beschriftet)

Dreieck 2 (Ecke A beschriftet)

Dreieck 3 (Höhe h_b eingezeichnet, rechter Winkel markiert)

Parallelogramme und Dreiecke

Wahr oder falsch?

8 Welche der folgenden Aussagen sind wahr (w), welche sind falsch (f)?

A Dreiecke mit gleichem Umfang haben auch den gleichen Flächeninhalt. □ w □ f

B Dreiecke mit gleicher Höhe sind flächengleich. □ w □ f

C Jedes Rechteck kann in zwei rechtwinklige Dreiecke zerlegt werden. □ w □ f

D Jedes Dreieck kann in zwei rechtwinklige Dreiecke zerlegt werden. □ w □ f

Skizzieren und berechnen

9 Skizziere und berechne die gesuchten Angaben.

A Quadrat
Umfang u = 28 cm
Seite s = …
Flächeninhalt A = …

B Rechteck
Flächeninhalt A = 56 cm²
Seite b = 16 cm
Seite a = …
Umfang u = …

C Rhombus
Flächeninhalt A = 30 cm²
Umfang u = 36 cm
Höhe h_a = …

D Dreiecksfläche
Flächeninhalt A = 20 cm²
Seite b = 8 cm
Höhe h_b = …

E Parallelogramm
Flächeninhalt A = 30 cm²
Höhe h_a = 5 cm
Seite a = …

Parallelogramme und Dreiecke

Dreiecke – der Schlüssel zu Vielecken

10 **A** Welches ist die grösste Figur, welches die kleinste? Schätze ihren Flächeninhalt.
B Wähle drei Figuren aus und bestimme den Flächeninhalt.

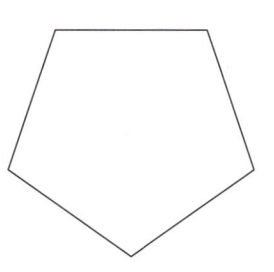

Figur 1

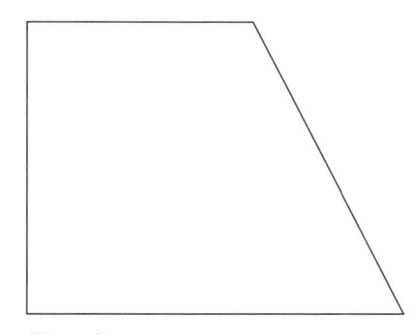

Figur 2

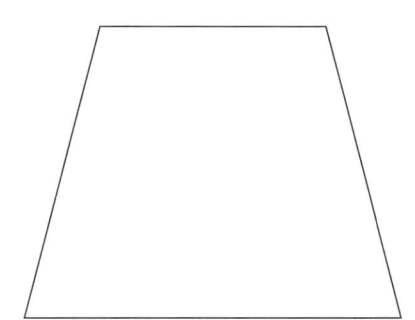

Figur 3

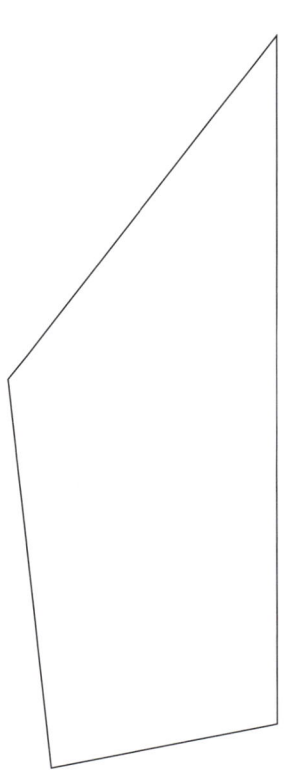

Figur 4

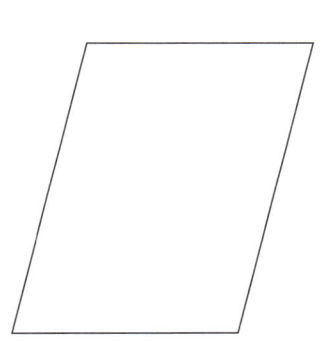

Figur 5

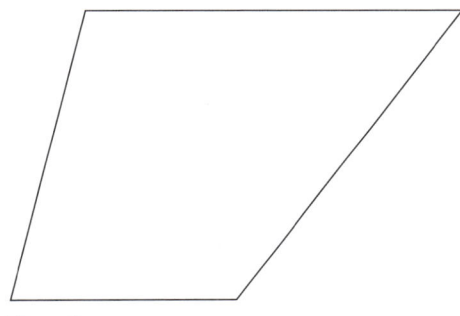

Figur 6

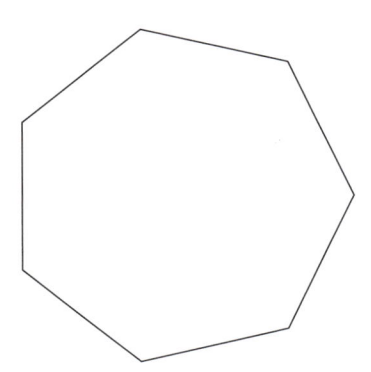

Figur 7

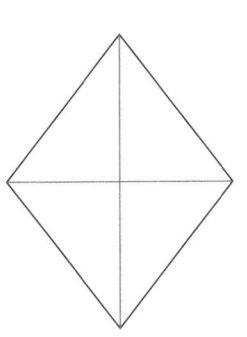

Figur 8

Selbstbeurteilung «Parallelogramme und Dreiecke»

Ich kann...

☐ Flächeninhalt und Umfang von Parallelogrammen und Dreiecken bestimmen.
SB 1, 2 und 6   AH 1, 6 und 7

☐ Parallelogramme und Dreiecke massstabsgetreu zeichnen und beschriften.
SB 1, 2 und 8   AH 4

☐ mindestens eine Höhe in Parallelogrammen oder in Dreiecken einzeichnen.
SB 5   AH 7

☐ zeigen, dass jedes Dreieck zu einem doppelt so grossen Rechteck oder Parallelogramm ergänzt werden kann.
AH 3

Zusätzlich kann ich...

☐ Umkehraufgaben zur Flächen- und Umfangberechnung lösen. **AH 9**

☐ die Flächengleichheit bei gleicher Seite und Höhe in Parallelogramm und Dreieck erkennen und begründen. **SB 9**

☐ alle Höhen in Dreiecken und Parallelogrammen einzeichnen. **AH 7**

☐ Vielecke berechnen. **AH 10**

☐ Weitere Aufgaben
«Grundanforderungen» **A312-02**

☐ Weitere Aufgaben
«Zusatzanforderungen» **A312-03**

☐ Arbeitsrückschau im Merkheft **A312-04**

☐ Teste dich selbst   **A312-05**

Mit Würfeln Quader bauen 13

Sich Raummasse vorstellen

1 Ergänze.

A 1 m³ enthält _____ dm³   B 1 dm³ enthält _____ cm³

C 1 m³ enthält _____ cm³   D 1 dm³ enthält _____ mm³

2 Finde jeweils ein bis zwei weitere Beispiele zu den folgenden Volumen.

	Volumen	Beispiele
A	1 cm³	ein halber Zuckerwürfel, …
B	10 cm³	ein Bleistift, …
C	100 cm³	ein kleiner Cervelat, …

	Volumen	Beispiele
D	1 dm³	ein mathbuch, …
E	10 dm³	eine Giesskanne, …
F	100 dm³	ein Kühlschrank, …

3 Bestimme die Kantenlänge der Würfel.

	Volumen	Kantenlänge
A	V = 1 cm³	
B	V = 1000 cm³	
C	V = 1 000 000 cm³	

	Volumen	Kantenlänge
D	V = 8 000 cm³	
E	V = 125 000 cm³	
F	V = 512 cm³	

Zehn Würfel

4 Vervollständige die Tabelle.

Kantenlänge [cm]	1	2	3	4	5	6	7	8	9	10
S [cm²]	6									
V [cm³]	1									
V [dm³]	0,001									1

5 Gib das Volumen in cm³ und in dm³ an.

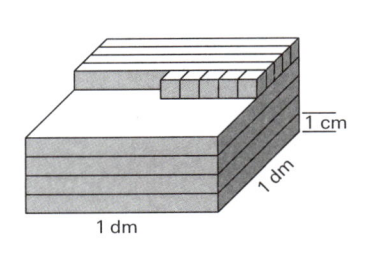

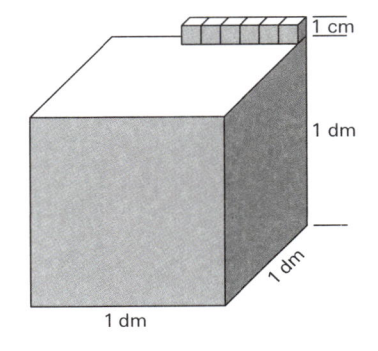

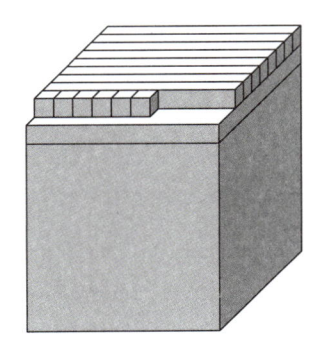

A _____ cm³ = _____ dm³   B _____ cm³ = _____ dm³   C _____ cm³ = _____ dm³

Mit Würfeln Quader bauen 13

Volumen und Oberfläche von Quadern

6 Vervollständige die Tabelle.

a, b, c [cm] ganzzahlig	S [cm²]	V [cm³]	mögliches Netz (Skizze)	Skizze Raumbild
A a = 4, b = 2, c = 6			(6 cm, 2 cm, 4 cm)	Raumbild, diese Strecke entspricht 2 cm
B a = , b = , c =		72	Skizziere ins Heft.	Raumbild
C a = , b = , c =		72 (mehrere Möglichkeiten)	Skizziere ins Heft.	Skizziere ins Heft.
D a = , b = , c = 8			Skizziere ins Heft.	Raumbild
E a = , b = , c =			(4 cm, 3 cm, 2 cm)	Skizziere ins Heft.

Mit Würfeln Quader bauen **13**

Zerlegen, zusammensetzen, abwickeln

7 Zerschneide einen Quader (a = 6 cm, b = 8 cm, c = 12 cm) mit drei Schnitten.
Färbe die Schnittflächen.
- **A** Es sollen vier gleiche Quader entstehen.
- **B** Es sollen sechs gleiche Quader entstehen.
- **C** Es sollen acht gleiche Quader entstehen.

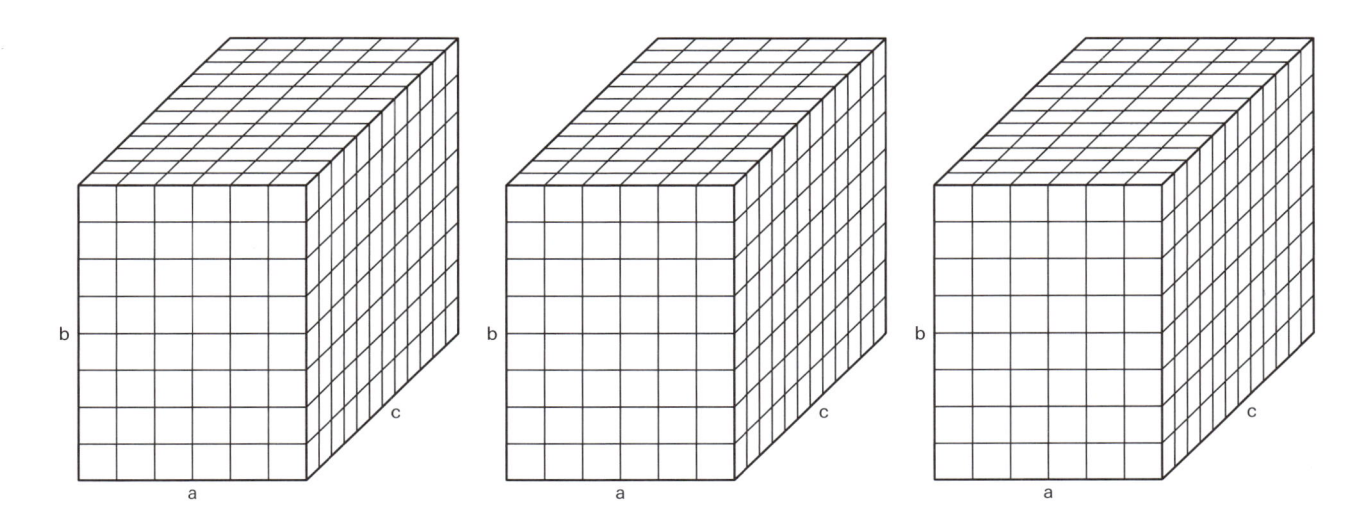

8 Würfel mit unterschiedlicher Kantenlänge sind aussen blau gefärbt. Sie werden in kleine Würfel mit der Kantenlänge s = 2 cm zersägt. Vervollständige die Tabelle.

blauer Würfel Kantenlänge [cm]	Anzahl kleine Würfel (s = 2 cm)				Total
	mit drei blauen Flächen	mit zwei blauen Flächen	mit einer blauen Fläche	ohne blaue Flächen	
4	8	0			8
6					
8					
10					

9
- **A** Wie viele verschiedene Quader kannst du mit 120 Würfeln der Kantenlänge s = 1 cm bauen?
- **B** Mit welcher Anzahl Würfel der Kantenlänge s = 1 cm kannst du mehr als 10 verschiedene Quader bauen?
- **C** Mit welcher Anzahl Würfel der Kantenlänge s = 1 cm kannst du nur einen Quader bauen?

10 Es gibt insgesamt elf verschiedene Netze des Würfels.
- **A** Sucht gemeinsam diese elf Netze und skizziert sie.
- **B** Färbe bei mindestens zwei Netzen gegenüberliegende Flächen des Würfels jeweils gleich.

Mit Würfeln Quader bauen **13**

Verdoppelung

11 Du siehst untenstehend 6 Quader und Prismen mit gleichem Volumen.
  A Zeige dies für die Quader mithilfe des Punkterasters.
  B Skizziere doppelt so grosse Körper mithilfe des Punkterasters direkt in die Zeichnung.

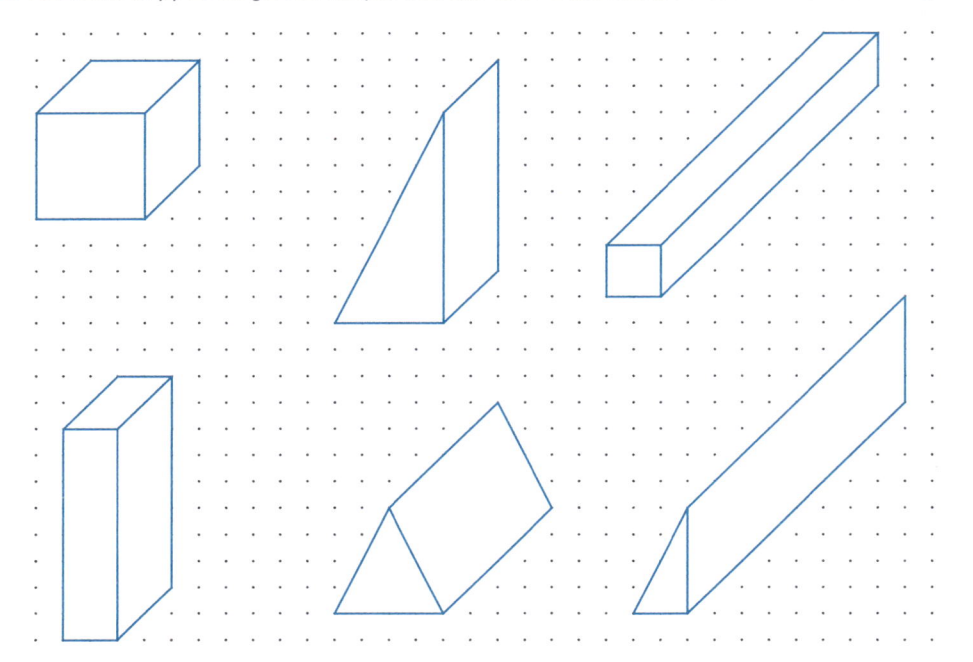

Selbstbeurteilung «Mit Würfeln Quader bauen»

Ich kann …

☐ Raummasse anwenden sowie anschauliche Beispiele zu den Grundeinheiten (1 mm³, 1 cm³, 1 dm³, 1 m³) nennen. **SB 3   AH 1 bis 3   Rechentraining online**

☐ Kantenlängen, Volumen und Oberflächen von Quadern bestimmen und berechnen. **SB 4   AH 5 und 6**

☐ Körper in Schrägbilddarstellung erkennen und einfache Körper skizzieren. **SB 1, 3, 7   AH 6, 7 und 11**

☐ mich auf Aufgaben zur Kopfgeometrie einlassen und dabei skizzieren, notieren und Lösungen finden. **SB 9   AH 7 und 8**

Zusätzlich kann ich …

☐ Beziehungen zwischen Kantenlängen, Oberflächen und Volumen erkennen und beschreiben. **SB 5, 7 und 8   AH 4**

☐ Seitenlängen von Quadern aufgrund von Oberflächen, Volumen oder Raumbildern bestimmen und umgekehrt. **AH 6 und 11**

☐ mir Zerlegungen von Quadern vorstellen und Aufgaben zur Kopfgeometrie lösen. **SB 9   AH 7, 8 und 10**

☐ Weitere Aufgaben «Grundanforderungen» **A313-01**

☐ Weitere Aufgaben «Zusatzanforderungen» **A313-02**

☐ Arbeitsrückschau im Merkheft **A313-03**

☐ Teste dich selbst **A313-04**

Wasserstand und andere Graphen — 14

Gefässe füllen

1 Wasser fliesst gleichmässig aus einer Röhre in ein Gefäss. Die Grafiken zeigen, wie die Füllhöhe h von der eingefüllten Menge V abhängt. Zu jedem Gefäss 1 bis 6 gehört genau ein Graph A bis F. Was gehört zusammen? Begründe.

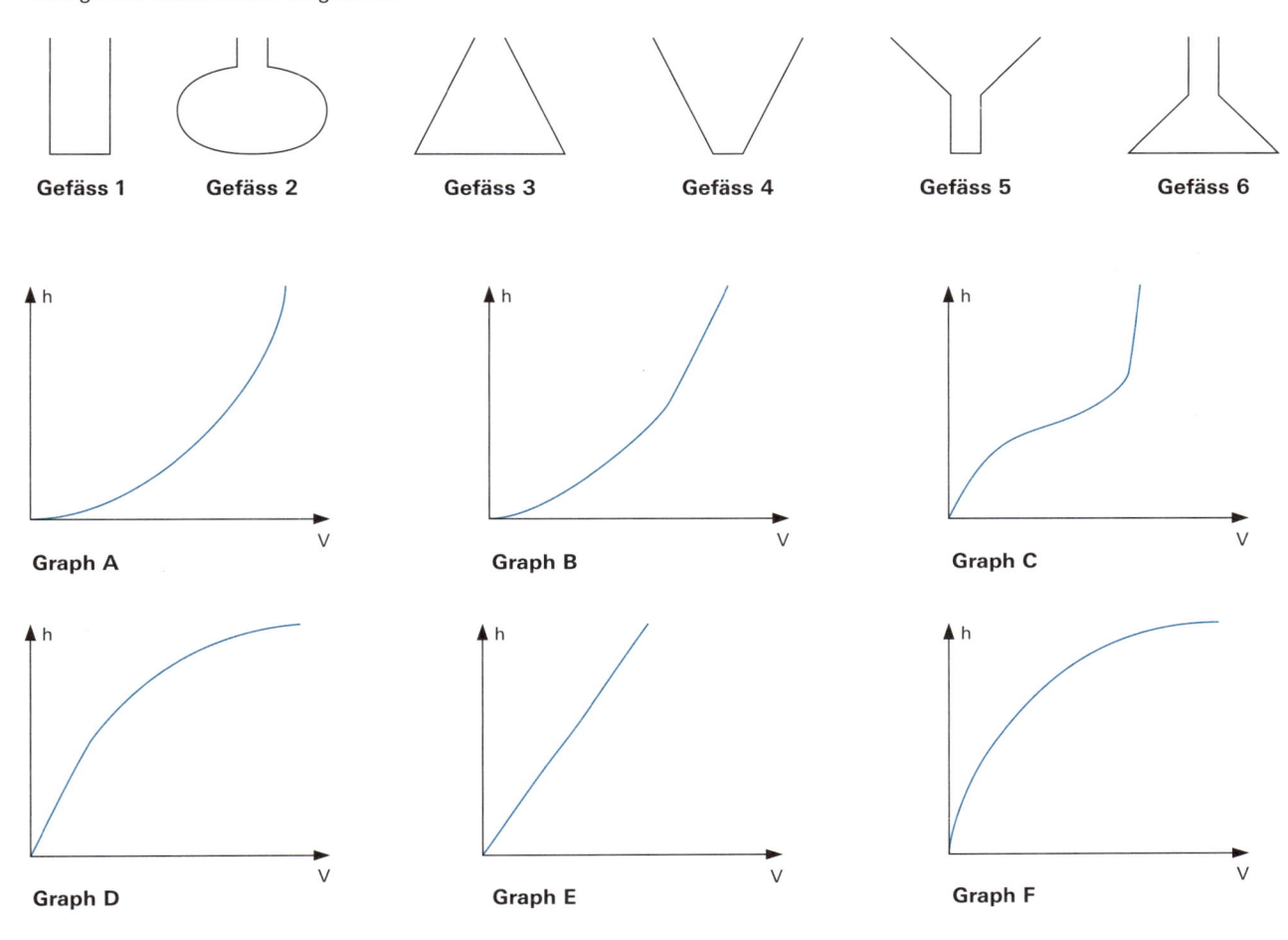

Gefäss 1 Gefäss 2 Gefäss 3 Gefäss 4 Gefäss 5 Gefäss 6

Graph A Graph B Graph C Graph D Graph E Graph F

2 Ordne die Gefässe den Füllgraphen A, B und C zu.

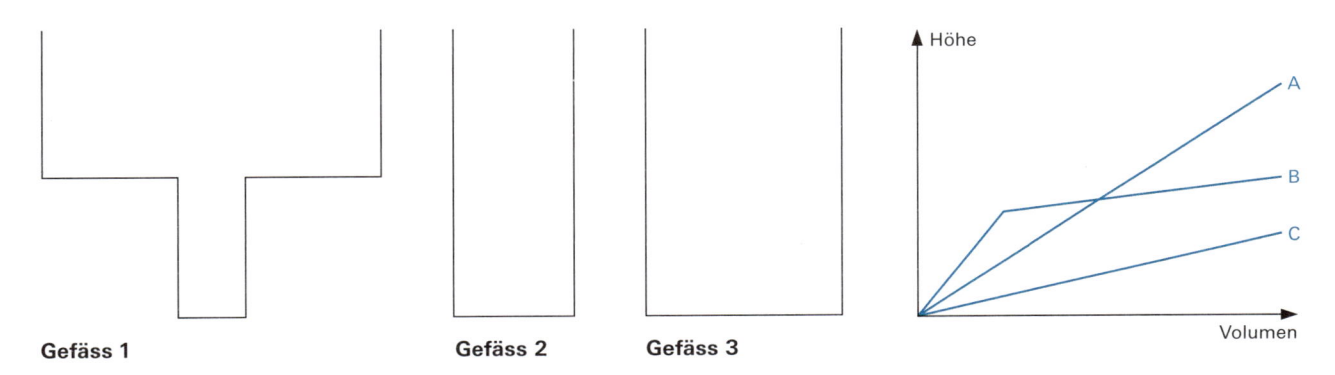

Gefäss 1 Gefäss 2 Gefäss 3

Situation – Graph

Schulweggeschichten

3

Katrin erzählt: «Özlem wohnt ziemlich genau zwischen unserer Wohnung und dem Schulhaus. Heute Morgen bin ich auf dem Weg zur Schule bei ihr vorbeigegangen, um sie abzuholen. Ich musste bei ihr drei Minuten warten, weil sie noch nicht bereit war. Dann mussten wir etwas pressieren, sonst wären wir nicht rechtzeitig in der Schule angekommen.»

Auf dem Graphen sieht man, wie weit Katrin zu jedem Zeitpunkt von zu Hause entfernt war.

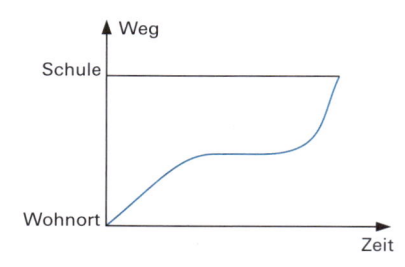

Erzähle zu jedem der folgenden Graphen eine eigene Schulweggeschichte.

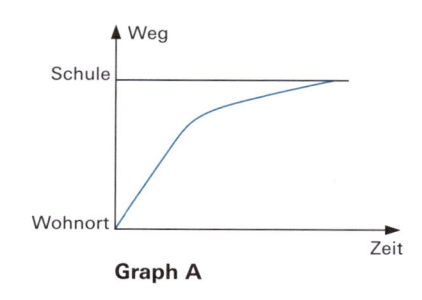

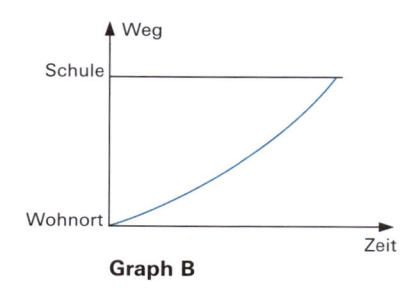

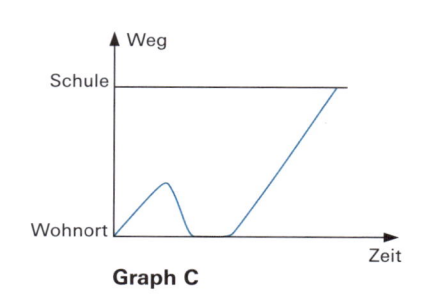

Graph A **Graph B** **Graph C**

Selbstbeurteilung «Wasserstand und andere Graphen»

Ich kann …

☐ zu einem Gefäss einen entsprechenden Füllgraphen zeichnen. **SB 1 bis 3 AH 1 und 2**

☐ zu einem Füllgraphen ein passendes Gefäss zeichnen. **SB 4**

Zusätzlich kann ich …

☐ die Situation mit Abhängigkeiten zweier Grössen (z. B. Geschwindigkeit – zurückgelegte Distanz) mithilfe von Graphen darstellen. **SB 9, 11 und 12**

☐ Darstellungen (z. B. Weg-Zeit-Graphen) interpretieren. **SB 10 AH 3**

☐ Situationen erfinden und mit Graphen beschreiben. **SB 9D und 11D**

☐ Weitere Aufgaben «Grundanforderungen» **A314-01**

☐ Weitere Aufgaben «Zusatzanforderungen» **A314-02**

☐ Arbeitsrückschau im Merkheft **A314-03**

☐ Teste dich selbst **A314-04**

Kosten berechnen 15

1 Ergänze die Tabellen zur Proportionalität.

Joghurts

Anzahl Joghurts	5	12	60	108	___	___	x
Preis [CHF]	2.50	6.00	___	___	52.50		x · 0.5

Nylonseil

Länge [m]	3,50	7	10	21	___	___	x
Preis [CHF]	14.70	___	___	42.00			x · ___

Flaschenpreise

Anzahl Flaschen	6	1	12	20	___	___	x
Preis [CHF]	8.40	___	___	56.00			x · ___

2 Robert, Lukas und Regula benötigen für Sandwiches 1,300 kg Senf. Eine Tube zu 250 g kostet 1.80 Fr. Jeder berechnet die Kosten für 1,300 kg auf einem eigenen Weg:

Robert

Menge [g]	Wert [CHF]
250	1.80
500	___
50	___
100	___
300	___
1 300	___

Lukas

Menge [g]	Wert [CHF]
250	1.80
500	___
50	___
1 250	___
1 300	___

Regula

Menge [g]	Wert [CHF]
250	1.80
1 250	___
50	___
1 300	___

Ergänze die Tabellen. Wie rechnest du?

Salami-Einkauf in Domodossola

KV «Koordinatensysteme» **A315-01**

3 Ergänze die Tabellen zu den Situationen A, B und C. Trage die Wertepaare in ein Koordinatensystem ein.

Situation A
Es werden unterschiedlich schwere Salami zum Kilopreis von 35 €/kg gekauft.

Preis pro kg [€/kg]	Menge [g]	Preis [€]
35.00	50	1.75
	120	4.20
	250	
	370	

So berechnet man für verschiedene Mengen den Preis:
Preis = Menge [kg] · Preis pro kg [€/kg]

Situation B
Es werden für je 15 Euro fünf unterschiedlich teure Sorten Salami gekauft.

Preis pro kg [€/kg]	Menge [g]	Preis [€]
20.00	750	15.00
25.00	600	
30.00		
40.00		

So berechnet man für verschiedene Preise pro kg die Menge:
Menge = Preis [€] : Preis pro kg [€/kg]

Situation C
Von verschiedenen Sorten Salami wird je ein Salami von 1,5 kg gekauft.

Preis pro kg [€/kg]	Menge [g]	Preis [€]
20.00	1500	30.00
25.00		37.50
30.00		
40.00		

So berechnet man bei verschiedenen Preisen pro kg den Preis:
Preis = Preis pro kg [€/kg] · Menge [kg]

Kosten berechnen 15

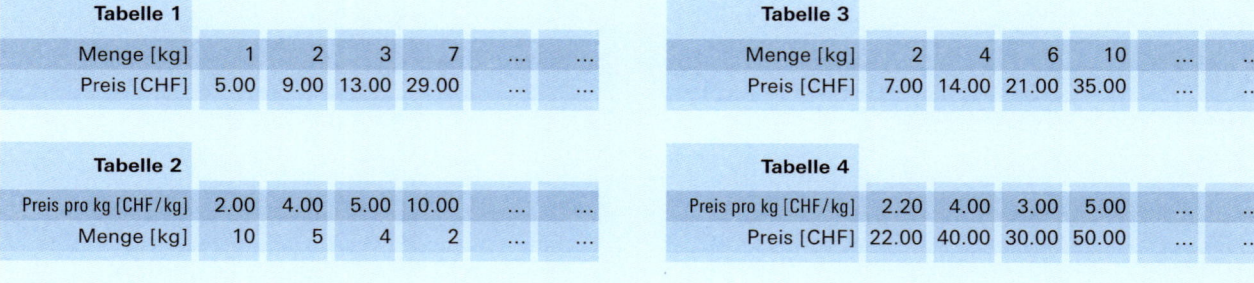

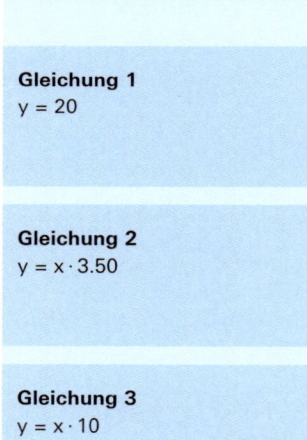

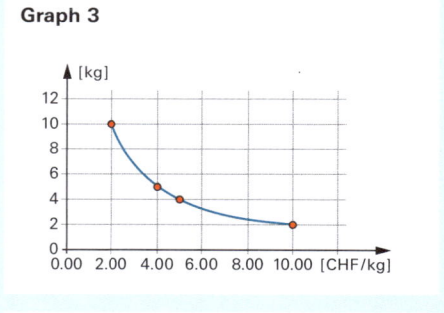

Äpfel kaufen

4
A Vier Situationen werden jeweils als Tabelle, als Gleichung und als Graph beschrieben. Was gehört zusammen? Erstelle eine Übersicht. Handelt es sich jeweils um eine proportionale Zuordnung?
B Finde zu den Wertetabellen je zwei weitere Zahlenpaare und markiere die entsprechenden Punkte in den Graphen.

	Tabelle Nr.	Gleichung Nr.	Graph Nr.	Proportional?
Situation 1 Von unterschiedlichen Apfelsorten werden immer 10 kg gekauft. Wie teuer sind die 10 kg bei unterschiedlichen Preisen pro kg?				☐ ja ☐ nein
Situation 2 Für je 20 Franken werden unterschiedliche Apfelsorten gekauft. Wie viele kg erhält man jeweils für die 20 Franken bei unterschiedlichen Preisen pro kg?				☐ ja ☐ nein
Situation 3 Es werden Äpfel zum Kilopreis von 3.50 CHF/kg gekauft. Wie teuer sind unterschiedliche Mengen?				☐ ja ☐ nein
Situation 4 Es werden Äpfel zum Kilopreis von 4.00 CHF/kg verkauft. Die Verpackung kostet zusätzlich 1 Franken. Wie teuer sind unterschiedliche Mengen?				☐ ja ☐ nein

Tabelle 1

Menge [kg]	1	2	3	7	...	...
Preis [CHF]	5.00	9.00	13.00	29.00	...	...

Tabelle 3

Menge [kg]	2	4	6	10	...	...
Preis [CHF]	7.00	14.00	21.00	35.00	...	...

Tabelle 2

Preis pro kg [CHF/kg]	2.00	4.00	5.00	10.00	...	...
Menge [kg]	10	5	4	2	...	...

Tabelle 4

Preis pro kg [CHF/kg]	2.20	4.00	3.00	5.00	...	...
Preis [CHF]	22.00	40.00	30.00	50.00	...	...

Gleichung 1
$y = 20$

Gleichung 2
$y = x \cdot 3.50$

Gleichung 3
$y = x \cdot 10$

Gleichung 4
$y = x \cdot 4.00$

Graph 1, **Graph 2**, **Graph 3**, **Graph 4**

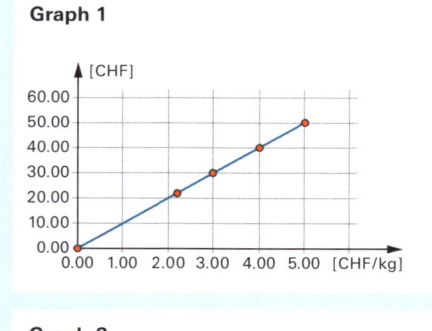

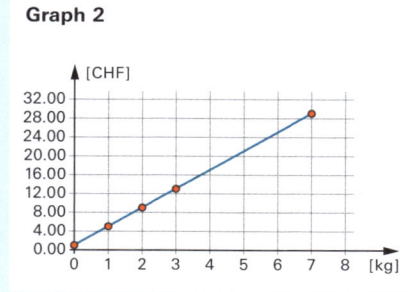

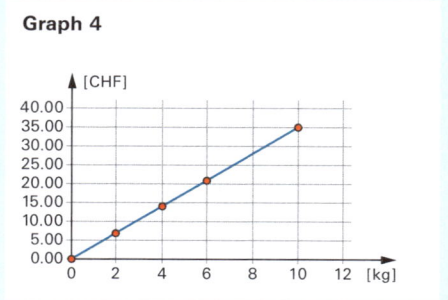

Kosten berechnen 15

Geld wechseln

5 **A** Vier Situationen werden jeweils als Tabelle, als Gleichung und als Graph beschrieben.
Was gehört zusammen? Erstelle eine Übersicht. Handelt es sich jeweils um eine proportionale Zuordnung?

B Finde zu den Wertetabellen je zwei weitere Zahlenpaare und markiere die entsprechenden Punkte in den Graphen.

	Tabelle Nr.	Gleichung Nr.	Graph Nr.	Proportional?
Situation 1 Es werden immer Euro zum Wechselkurs von 1.25 CHF/EUR gekauft. Wie viele Franken bezahlt man für unterschiedliche Eurobeträge?				☐ ja ☐ nein
Situation 2 Es werden jeweils 200 Franken in Euro gewechselt. Wie viele Euro erhält man bei unterschiedlichen Wechselkursen?				☐ ja ☐ nein
Situation 3 Es werden jeweils 200 Euro gekauft. Wie viele Franken muss man bei unterschiedlichen Wechselkursen bezahlen?				☐ ja ☐ nein
Situation 4 Es werden jeweils Euro gekauft. Bis zu 100 Franken beträgt der Kurs 1.50 CHF/EUR. Bei grösseren Beträgen beträgt der Kurs 1.30 CHF/EUR. Wie viele Franken bezahlt man für unterschiedliche Eurobeträge? Wie teuer sind unterschiedliche Mengen?				☐ ja ☐ nein

Tabelle 1

Euro [EUR]	96.00	240.00	288.00	...	...
Franken [CHF]	120.00	300.00	360.00	...	...

Tabelle 2

Wechselkurs [CHF/EUR]	1.10	1.32	1.50	...	...
Franken [CHF]	220.00	264.00	300.00	...	...

Tabelle 3

Wechselkurs [CHF/EUR]	1.20	1.60	2.00	...	...
Euro [EUR]	166.65	125.00	100.00	...	...

Tabelle 4

Euro [EUR]	50.00	100.00	101.00	200.00	...
Franken [CHF]	75.00	150.00	131.30	260.00	...

Gleichung 1
$y = 200 : x$

Gleichung 2
$y = 200 \cdot x$

Gleichung 3
$y = x \cdot 1.25$

Gleichung 4
$y = x : 1.50$
(für $x \leq 100$)

$y = x : 1.30$
(für $x > 100$)

Graph 1 [CHF] vs [CHF/€]

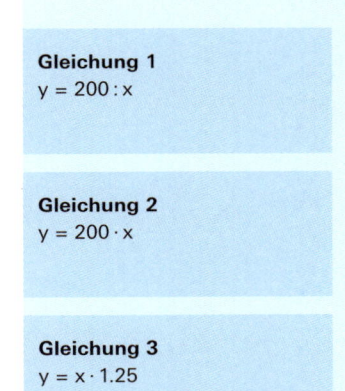

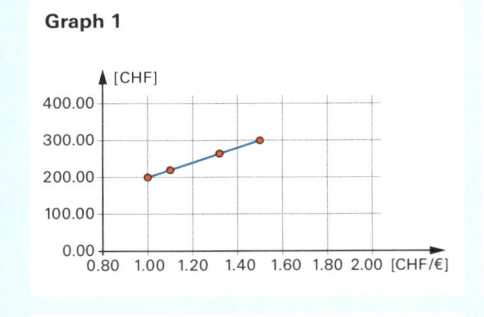

Graph 2 [CHF] vs [€]

Graph 3 [CHF] vs [€]

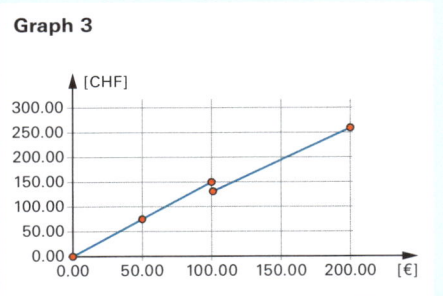

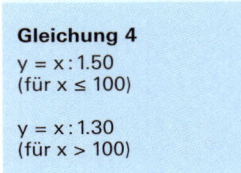

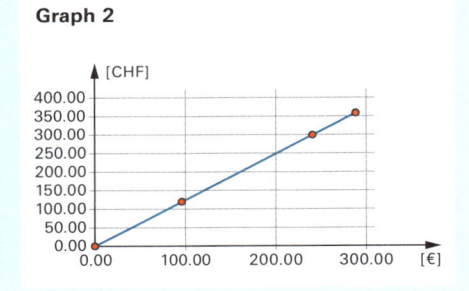

Graph 4 [€] vs [CHF/€]

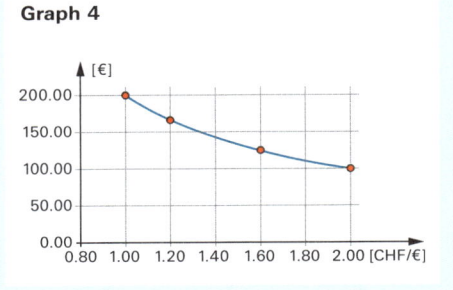

Kosten berechnen

6 Zeichne einen Graphen für den Wechsel Euro in Schweizer Franken
(Wechselkurs = 1.3200 CHF, d.h. für 1.3200 CHF erhält man 1 EUR).
Lies einige Wertepaare von deinem Graphen ab.

Möglich oder unmöglich?

7 Begründe.

A In einem Supermarkt stehen auf zwei Belegen folgende Beträge:

Beleg I:	CHF 45.60		Beleg II:	CHF 45.63
	EUR 32.33			EUR 32.35

B Herr A wägt im Supermarkt 833 g Tomaten und bezahlt 3.85 Franken, Leandro wägt 830 g und bezahlt ebenfalls 3.85 Franken.

C Ein Reiseanbieter in Deutschland bietet eine Woche Türkei seit zwei Jahren für 695 Euro an. Wird beim gleichen Reiseanbieter aus der Schweiz gebucht, hat sich der Preis infolge einer Kursschwankung von früher 955 Franken auf aktuell 830 Franken verringert.

D In X-Land haben sich die Preise in den letzten Jahren verzehnfacht. Einige Schlaumeier sammeln nun Münzen, schmelzen sie ein und verkaufen das Metall.

Selbstbeurteilung «Kosten berechnen»

Ich kann...

☐ zu proportionalen Zuordnungen weitere Wertepaare finden.
SB 2   Rechentraining   AH 1 bis 3

☐ proportionale und lineare grafische Darstellungen verstehen und Situationen zuordnen. **SB 2 und 3   AH 3**

☐ einfache proportionale Berechnungen halbschriftlich und mit dem TR durchführen. **SB 3   AH 2 und 3**

☐ Tabellen zu Kostenberechnungen verstehen und mit eigenen Einträgen versehen. **SB 2   AH 3**

Zusätzlich kann ich...

☐ proportionale Zuordnungen algebraisch verstehen und definieren.
SB 6   AH 4 bis 5

☐ komplexe grafische Darstellungen verstehen und eigenständig Graphen zeichnen. **SB 5   AH 4 und 5**

☐ Berechnungen zu Wechselkursen durchführen, Wechselkurse grafisch darstellen und algebraisch beschreiben.
SB 5 und 6   AH 5 und 6

☐ Weitere Aufgaben   «Grundanforderungen» **A315-02**

☐ Weitere Aufgaben   «Zusatzanforderungen» **A315-03**

☐ Arbeitsrückschau im Merkheft **A315-04**

☐ Teste dich selbst   **A315-05**

Wie viel ist viel? — 16

1 Würfelspiel für 2 bis 4 Personen

KV «Spielplan» **A316-01**

Material
2 Spielwürfel, Spielmarken, Spielplan

Spielregeln
Alle Mitspielenden legen je eine Spielmarke auf den Start.
Reihum wird mit zwei Würfeln gewürfelt.
Nach dem Wurf darf bestimmt werden, welche Augenzahl x und welche y bedeuten.
Wenn die Bedingung im Feld erfüllt ist, wählst du einen Pfeil und fährst zum nächsten Feld.
Wer zuerst das Ziel erreicht, gewinnt.

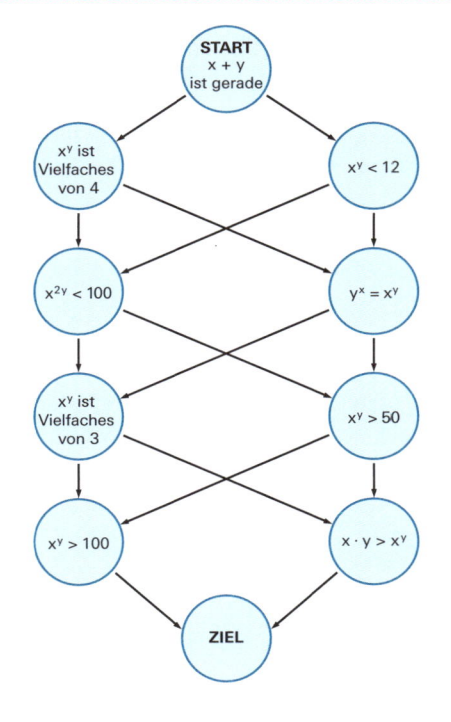

Spielplan-Felder:
- START: $x + y$ ist gerade
- x^y ist Vielfaches von 4
- $x^y < 12$
- $x^{2y} < 100$
- $y^x = x^y$
- x^y ist Vielfaches von 3
- $x^y > 50$
- $x^y > 100$
- $x \cdot y > x^y$
- ZIEL

Sich grosse Zahlen vorstellen

2
Kopierpapier wiegt 80 g/m² und ist 0,1 mm dick. Baue in Gedanken unterschiedlich hohe Blätterstapel.
Wie hoch ist ein Stapel …
A … mit tausend (10^3) Blättern?
B … mit einer Million (10^6) Blättern?
C … mit einer Milliarde (10^9) Blättern?
D … mit einer Billion (10^{12}) Blättern?

3 Weltbevölkerungsuhr

Link «Aktuelle Weltbevölkerungsuhr» **A316-02**

Im Internet gibt es eine «Uhr», welche die Weltbevölkerung schätzt.
A Um wie viel nimmt die Bevölkerung der Welt pro Monat/pro Tag/pro Minute etwa zu?
B Beschleunigt oder verlangsamt sich die Bevölkerungszunahme?

Datum	Weltbevölkerung
01/Jul/2011	6'946'043'989
01/Aug/2011	6'952'589'639
01/Sep/2011	6'959'135'290
01/Okt/2011	6'965'469'791
01/Nov/2011	6'972'015'442
01/Dez/2011	6'978'349'943
01/Jan/2012	6'984'895'594
01/Feb/2012	6'991'441'244
01/Mär/2012	6'997'564'595
01/Apr/2012	7'004'110'246
01/Mai/2012	7'010'444'747
01/Jun/2012	7'016'990'398
01/Jul/2012	7'023'324'899

4

Bevölkerung	Januar 2012
USA	310'000'000
Welt	6'990'000'000

A Nimm an, alle US-Amerikaner stehen dicht hintereinander in einer Menschenreihe.
Reicht diese Reihe einmal um die Erde (Erdumfang: ca. 40 000 km)?

B Nimm an, alle Menschen der Welt stünden dicht hintereinander in einer Menschenreihe.
Wie oft würde diese um die Erde reichen?

C Können sich alle Menschen der Welt auf den zugefrorenen Bodensee (Fläche = ca. 540 km²) stellen?

5

A Du zählst von 1 bis 1 000 000. Wie lange dauert dies, wenn du jede Sekunde eine Zahl sagst?

B Und wenn du von 1 000 000 bis 10 000 000 zählen würdest?

C Und wenn du von 1 000 000 bis 1 000 000 000 000 zählen würdest?

D Wie lange brauchst du wirklich, um die Zahl 8 255 789 345 016 zu sprechen?
Lies die Zahl 5-mal und berechne den Mittelwert.

6

A Wie viele Millionen Sekunden alt warst du an deinem letzten Geburtstag?

B Kann ein Mensch 1 Billion Sekunden alt werden? Begründe.

Orientierung im Zahlenraum

7

Kreuze jeweils die entsprechende Zehnerpotenz an.

	10^{14}	10^{13}	10^{12}	10^{11}	10^{10}	10^{9}	10^{8}	10^{7}	10^{6}
1 Million	☐	☐	☐	☐	☐	☐	☐	☐	☒
1 000 Tausender	☐	☐	☐	☐	☐	☐	☐	☐	☐
1 Billion	☐	☐	☐	☐	☐	☐	☐	☐	☐
100 Millionen	☐	☐	☐	☐	☐	☐	☐	☐	☐
0,1 Billionen	☐	☐	☐	☐	☐	☐	☐	☐	☐
1 000 Millionen	☐	☐	☐	☐	☐	☐	☐	☐	☐
10 Milliarden	☐	☐	☐	☐	☐	☐	☐	☐	☐
0,1 Milliarden	☐	☐	☐	☐	☐	☐	☐	☐	☐
10 Millionen	☐	☐	☐	☐	☐	☐	☐	☐	☐
1 000 Milliarden	☐	☐	☐	☐	☐	☐	☐	☐	☐

Wie viel ist viel?

8 Färbe jeweils alle Ziffern an, die sich verändern.

1 dazuzählen	100 dazuzählen	1 000 dazuzählen
987 654 321	987 654 321	987 654 321
999 000 999	9 998 900	9 998 900
999 999 999	9 989 999	9 989 999
9 999 899	9 899 999	9 899 999
9 998 999	8 999 999	8 999 999
9 989 999	9 889 999	9 889 000
9 890 999	9 888 999	9 888 000

9 Nenne die Zahl in der Mitte zwischen den beiden angegebenen Zahlen. Orientiere dich bei Bedarf am Zahlenstrahl.

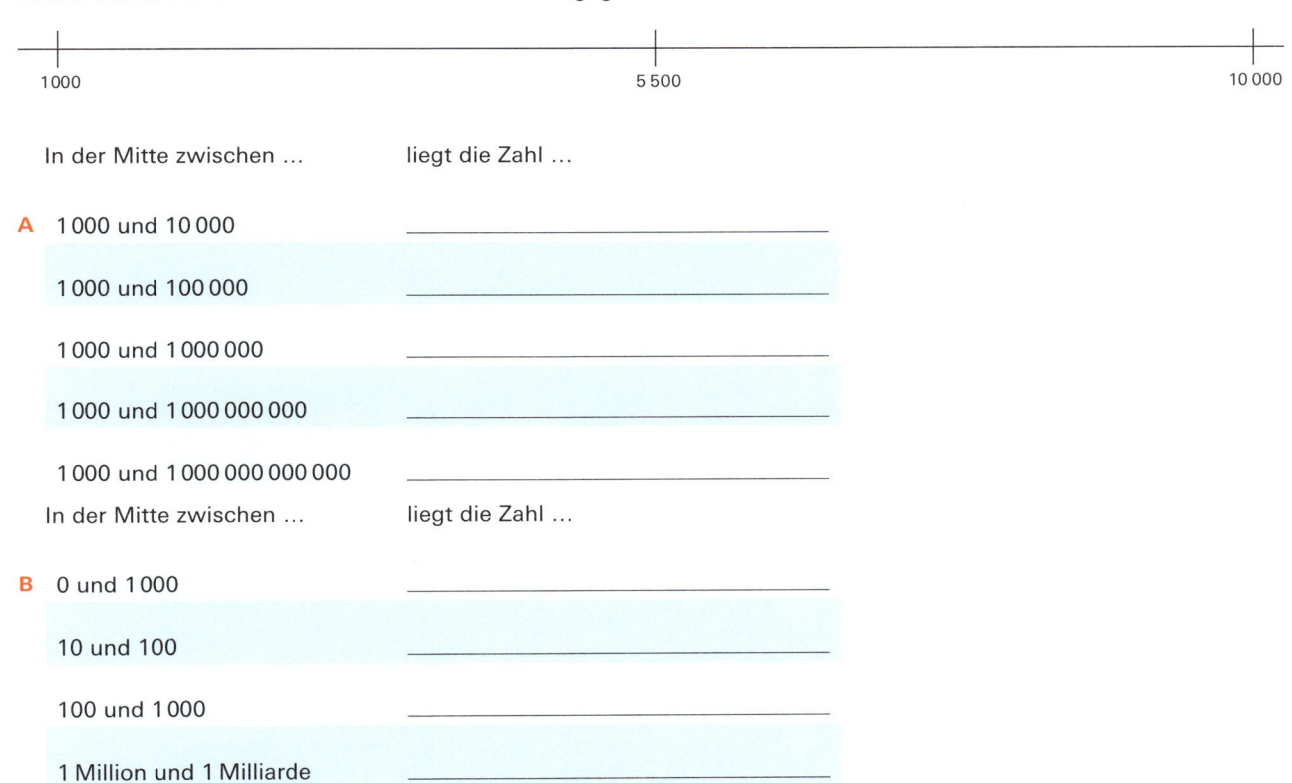

|---|---|---|
| 1 000 | 5 500 | 10 000 |

In der Mitte zwischen …   liegt die Zahl …

A 1 000 und 10 000   _____

    1 000 und 100 000   _____

    1 000 und 1 000 000   _____

    1 000 und 1 000 000 000   _____

    1 000 und 1 000 000 000 000   _____

In der Mitte zwischen …   liegt die Zahl …

B 0 und 1 000   _____

    10 und 100   _____

    100 und 1 000   _____

    1 Million und 1 Milliarde   _____

    1 Million und 1 Billion   _____

10 Zähle jeweils sechs Schritte rückwärts.
    A In 30er-Schritten: 1 000 000, 999 970 …
    B In 400er-Schritten: 1 000 000, 999 600 …
    C In 6 000er-Schritten: 1 000 000 …

KV «Zahlentafel» **A316-03**

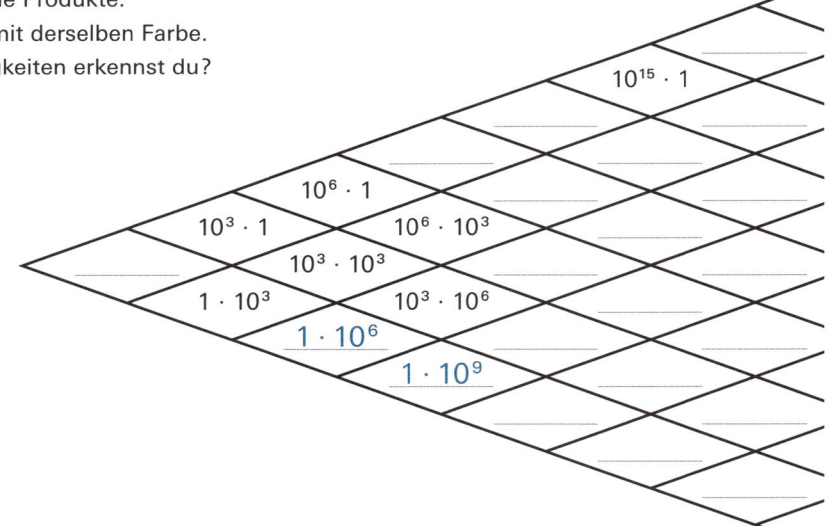

11 A Ergänze in der Tafel die Produkte.
B Färbe gleiche Werte mit derselben Farbe.
C Welche Gesetzmässigkeiten erkennst du?

Tafel mit Einträgen:
- $10^{15} \cdot 1$
- $10^6 \cdot 1$
- $10^3 \cdot 1$
- $10^6 \cdot 10^3$
- $10^3 \cdot 10^3$
- $1 \cdot 10^3$
- $10^3 \cdot 10^6$
- $1 \cdot 10^6$
- $1 \cdot 10^9$

Selbstbeurteilung «Wie viel ist viel?»

Ich kann...

☐ grosse Zahlen in Ziffernschreibweise und mit Zehnerpotenzen schreiben und benennen. **SB 1 und 2   AH 7 und 11**

☐ grosse Zahlen auf dem Zahlenstrahl in Bezug zu andern Zahlen setzen. **SB 4   AH 9**

☐ einfache Berechnungen zu grossen Zahlen und Zehnerpotenzen durchführen. **SB 5 und 6   AH 6, 8 bis 10**

☐ Potenzschreibweise als verkürzte Schreibweise der Multiplikation verstehen und einfache Potenzen berechnen. **SB 10A   AH 1**

Zusätzlich kann ich...

☐ mit sehr grossen Zahlen und Zehnerpotenzen in verschiedenen Zusammenhängen rechnen. **SB 3C und 3E AH 2 und 5**

☐ die Bedeutung von Potenzen in verschiedenen Zusammenhängen sehen und entsprechende Rechnungen durchführen. **SB 7 bis 9**

☐ grosse Zahlen in der Darstellung des Taschenrechners lesen und schreiben. **SB 2C und 2D**

☐ Weitere Aufgaben «Grundanforderungen» **A316-04**

☐ Weitere Aufgaben «Zusatzanforderungen» **A316-05**

☐ Arbeitsrückschau im Merkheft **A316-06**

☐ Teste dich selbst **A316-07**

Operieren mit Brüchen 17

Brüche multiplizieren und dividieren

Bruchteile im Einheitsquadrat

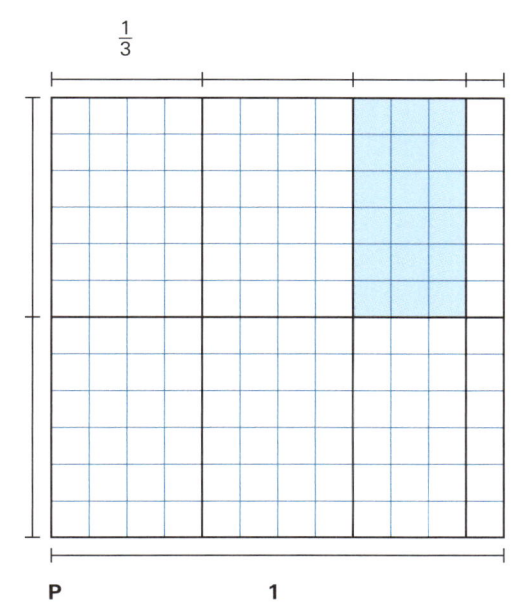

1

$\frac{1}{3}$

P 1

Q 1

A Schreibe zu den Einheitsquadraten P und Q die Bruchteile der Seitenlänge.
B Berechne alle Flächenteile als Produkt ihrer Länge und Breite.
C Färbe in beiden Quadraten zwei Drittel der Fläche.

2

$\frac{1}{8}$

P

Q

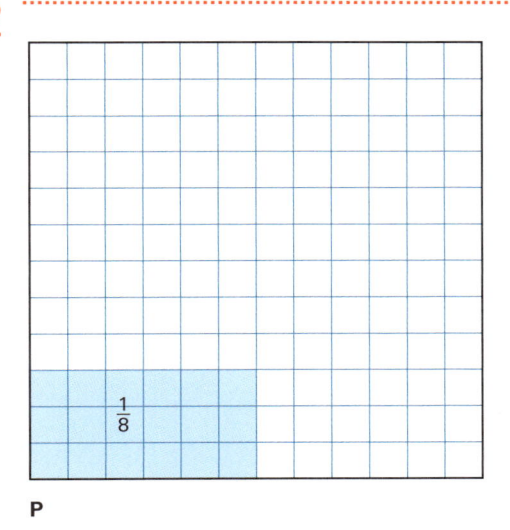

A Zeichne die gleichen Flächenteile wie bei P und Q aus Aufgabe 1 anders angeordnet in die beiden Rahmen. Beschrifte sie als Bruchteile der Quadratfläche.
B Färbe in den beiden Quadraten Teile, die zusammen einen Viertel der Fläche ausmachen.

Operieren mit Brüchen

Brüche multiplizieren

3

> Brüche kann man nach folgender Regel multiplizieren:
>
> $$\frac{\text{Zähler mal Zähler}}{\text{Nenner mal Nenner}}$$

Erkläre jemandem diese Regel mithilfe des Einheitsquadrates für die vier Beispiele.

A $\frac{1}{3} \cdot \frac{1}{4}$ B $\frac{2}{3} \cdot \frac{1}{4}$ C $\frac{2}{3} \cdot \frac{3}{4}$ D $\frac{5}{6} \cdot \frac{3}{4}$

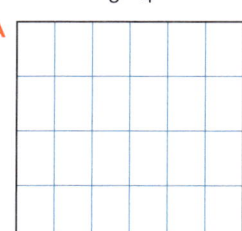

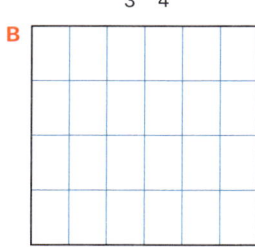

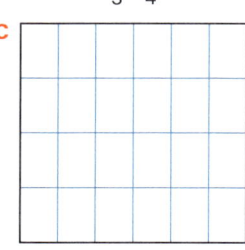

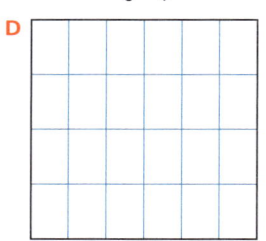

Rechendreiecke

4 Vervollständige die Rechendreiecke.

A

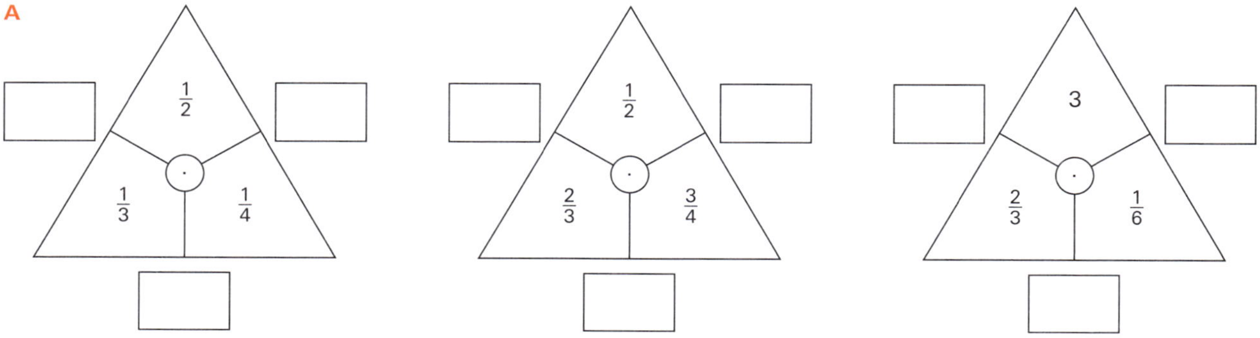

Dreieck 1: $\frac{1}{2}$ (oben), $\frac{1}{3}$ (links), $\frac{1}{4}$ (rechts)

Dreieck 2: $\frac{1}{2}$ (oben), $\frac{2}{3}$ (links), $\frac{3}{4}$ (rechts)

Dreieck 3: 3 (oben), $\frac{2}{3}$ (links), $\frac{1}{6}$ (rechts)

B

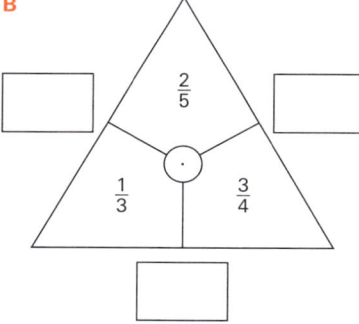

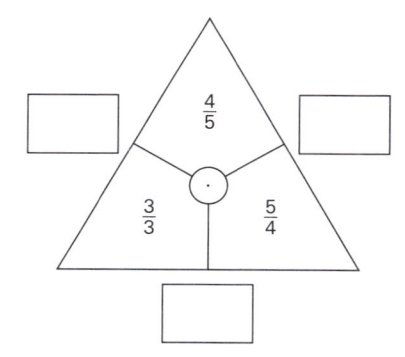

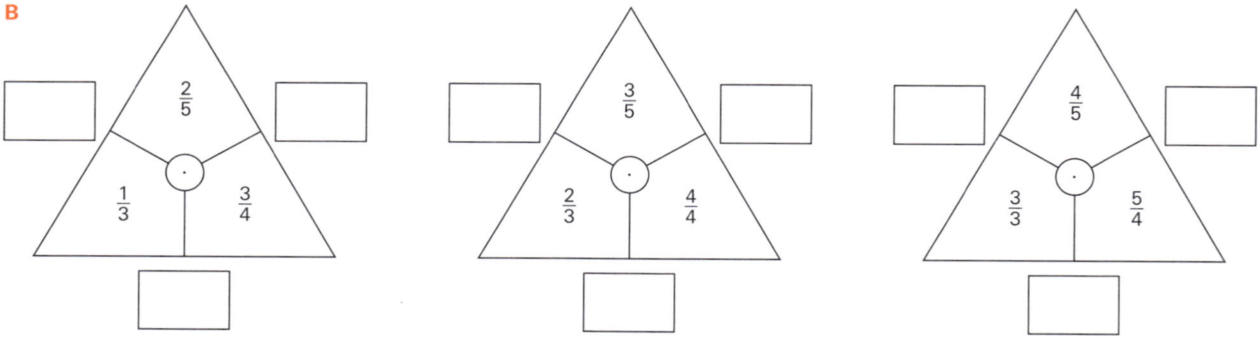

Dreieck 1: $\frac{2}{5}$ (oben), $\frac{1}{3}$ (links), $\frac{3}{4}$ (rechts)

Dreieck 2: $\frac{3}{5}$ (oben), $\frac{2}{3}$ (links), $\frac{4}{4}$ (rechts)

Dreieck 3: $\frac{4}{5}$ (oben), $\frac{3}{3}$ (links), $\frac{5}{4}$ (rechts)

C

Dreieck 1: $\frac{1}{2}$ (oben), $\frac{1}{12}$ (rechts), $\frac{1}{3}$ (links)

Dreieck 2: $\frac{1}{2}$ (oben), $\frac{1}{8}$ (links oben), $\frac{1}{8}$ (unten)

Dreieck 3: $\frac{1}{3}$ (oben), $\frac{1}{8}$ (rechts), $\frac{1}{40}$ (unten)

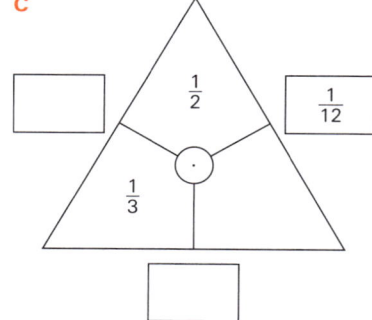

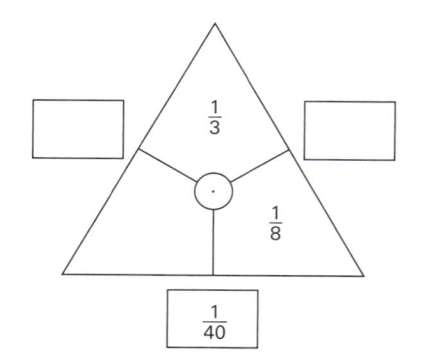

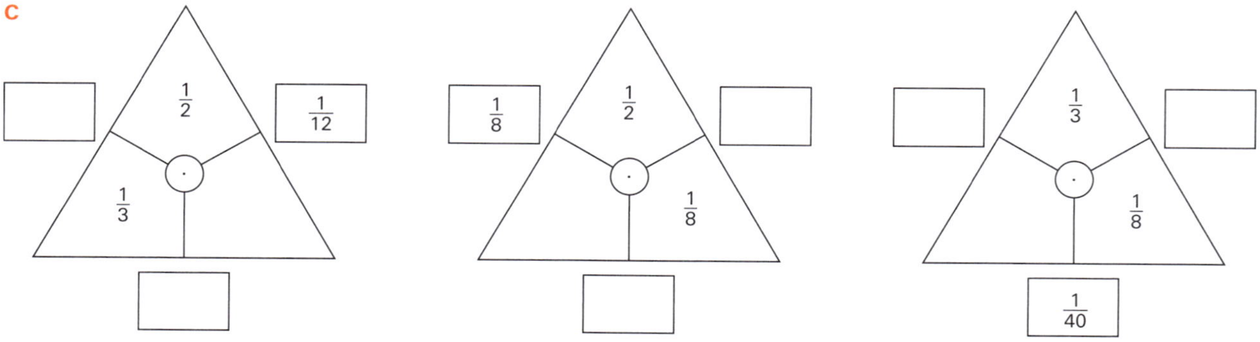

D

Triangle 1: top $\frac{2}{5}$, left $\frac{1}{3}$, bottom $\frac{4}{15}$, operator ·

Triangle 2: top $\frac{6}{15}$, left $\frac{2}{3}$, bottom $\frac{8}{15}$, operator ·

Triangle 3: top $\frac{2}{5}$, left $\frac{2}{3}$, bottom $\frac{1}{3}$, operator ·

E

Triangle 1: left box 1, inside $\frac{3}{4}$, bottom $\frac{1}{4}$, operator ·

Triangle 2: top $\frac{9}{10}$, inside $\frac{3}{4}$, bottom $\frac{1}{2}$, operator ·

Triangle 3: top $\frac{3}{5}$, right $\frac{8}{15}$, bottom $\frac{1}{2}$, operator ·

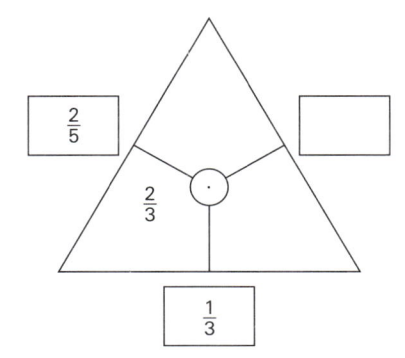

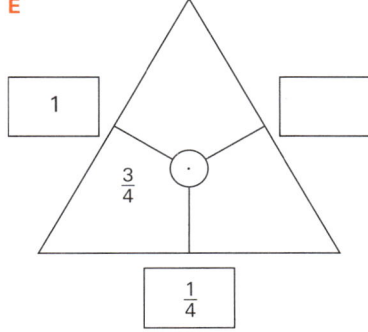

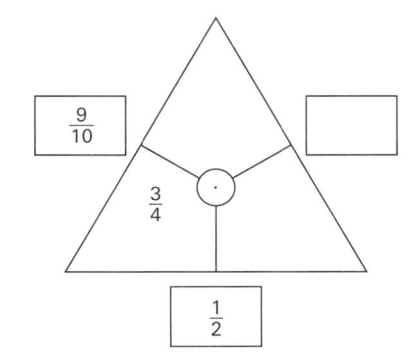

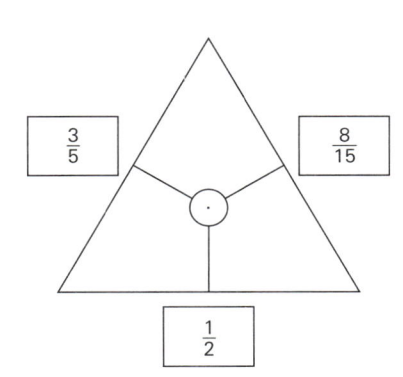

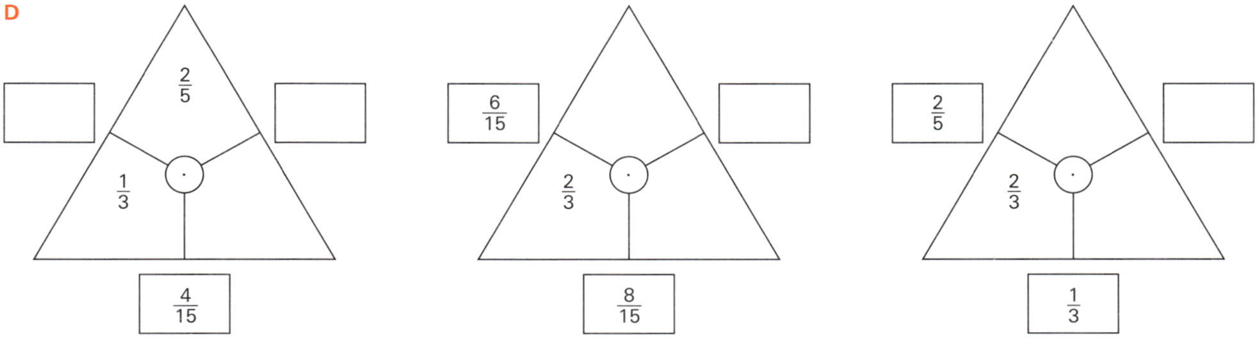

Multiplikationstabellen

5 **A** Berechne die Ergebnisse.

·	$\frac{1}{2}$	$\frac{2}{3}$	$\frac{3}{4}$	$\frac{4}{5}$
$\frac{1}{2}$				
$\frac{2}{3}$				
$\frac{3}{4}$				
$\frac{4}{5}$				

B Im Flächenmodell unten wird folgende Multiplikation dargestellt:

$\frac{2}{3} \cdot \frac{1}{2} = \frac{1}{3}$

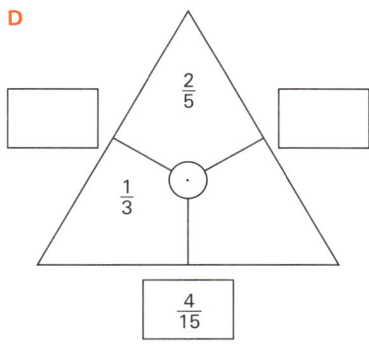

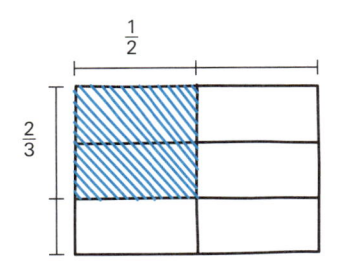

Stelle zwei weitere Multiplikationen aus Aufgabe A als Flächenmodell dar.

Operieren mit Brüchen

Anteile bestimmen

6

	A	B	C	D	E
	$\frac{1}{2}$ von $\frac{1}{2}$ =	$\frac{1}{3}$ von $\frac{1}{2}$ =	$\frac{2}{3}$ von $\frac{1}{2}$ =	$\frac{2}{3}$ von $\frac{3}{4}$ =	$\frac{3}{8}$ von $\frac{1}{2}$ =
	$\frac{1}{2}$ von $\frac{1}{3}$ =	$\frac{1}{3}$ von $\frac{1}{3}$ =	$\frac{3}{4}$ von $\frac{1}{2}$ =	$\frac{3}{4}$ von $\frac{3}{4}$ =	$\frac{3}{8}$ von $\frac{2}{3}$ =
	$\frac{1}{2}$ von $\frac{1}{4}$ =	$\frac{1}{3}$ von $\frac{1}{4}$ =	$\frac{2}{3}$ von $\frac{1}{3}$ =	$\frac{4}{5}$ von $\frac{3}{4}$ =	$\frac{3}{8}$ von $\frac{3}{4}$ =
	$\frac{1}{2}$ von $\frac{1}{5}$ =	$\frac{1}{3}$ von $\frac{1}{5}$ =	$\frac{3}{4}$ von $\frac{1}{3}$ =	$\frac{5}{6}$ von $\frac{3}{4}$ =	$\frac{3}{8}$ von $\frac{4}{5}$ =
	$\frac{1}{2}$ von $\frac{1}{6}$ =	$\frac{1}{4}$ von $\frac{1}{6}$ =	$\frac{2}{3}$ von $\frac{1}{4}$ =	$\frac{2}{3}$ von $\frac{4}{5}$ =	$\frac{3}{10}$ von $\frac{2}{5}$ =
	$\frac{1}{2}$ von $\frac{1}{8}$ =	$\frac{1}{4}$ von $\frac{1}{8}$ =	$\frac{3}{4}$ von $\frac{1}{4}$ =	$\frac{3}{4}$ von $\frac{4}{5}$ =	$\frac{3}{10}$ von $\frac{4}{5}$ =
	$\frac{1}{2}$ von $\frac{1}{10}$ =	$\frac{1}{4}$ von $\frac{1}{10}$ =	$\frac{2}{3}$ von $\frac{1}{6}$ =	$\frac{4}{5}$ von $\frac{4}{5}$ =	$\frac{3}{10}$ von $\frac{5}{6}$ =
	$\frac{1}{2}$ von $\frac{1}{12}$ =	$\frac{1}{4}$ von $\frac{1}{12}$ =	$\frac{3}{4}$ von $\frac{1}{6}$ =	$\frac{5}{6}$ von $\frac{4}{5}$ =	$\frac{3}{10}$ von $\frac{5}{12}$ =

Wie oft mal ist $\frac{3}{8}$ kg in $\frac{3}{4}$ kg enthalten?

7 Berechne die Divisionen mit Grössen.

	A	B	C
	$\frac{3}{4}$ kg : $\frac{3}{8}$ kg =	$\frac{2}{5}$ m : $\frac{1}{20}$ m =	$\frac{3}{4}$ h : $\frac{1}{3}$ h =
	$\frac{4}{5}$ kg : $\frac{1}{10}$ kg =	$\frac{7}{10}$ m : $\frac{1}{5}$ m =	$\frac{2}{3}$ h : $\frac{1}{4}$ h =
	$\frac{1}{10}$ t : $\frac{2}{5}$ t =	$\frac{7}{8}$ km : $\frac{2}{5}$ km =	$\frac{5}{6}$ h : $\frac{2}{3}$ h =
	$\frac{7}{8}$ t : $\frac{3}{4}$ t =	$\frac{3}{4}$ km : $\frac{3}{8}$ km =	$\frac{11}{12}$ h : $\frac{5}{6}$ h =

8 Vervollständige die Tabelle.

·	$\frac{2}{3}$		$\frac{5}{8}$	
			$\frac{15}{32}$	
	$\frac{2}{5}$			
$\frac{1}{3}$		$\frac{2}{15}$		$\frac{3}{10}$
		$\frac{3}{25}$		

Brüche addieren und subtrahieren

Additionstabellen

9 Berechne die Ergebnisse.

Tabelle A

+	$\frac{1}{2}$	$\frac{1}{3}$	$\frac{1}{4}$	$\frac{1}{5}$
$\frac{1}{2}$				
$\frac{2}{3}$				
$\frac{3}{4}$				
$\frac{4}{5}$				

Tabelle B

+	$\frac{3}{5}$	$\frac{2}{5}$	$\frac{1}{5}$	$\frac{1}{10}$
$\frac{1}{2}$				
$\frac{3}{10}$				
$\frac{1}{10}$				
$\frac{1}{20}$				

10 Vervollständige die Tabelle.

+		$\frac{2}{3}$		
$\frac{1}{4}$				$\frac{2}{3}$
		$\frac{4}{5}$		
$\frac{1}{9}$	$\frac{4}{9}$		$\frac{1}{3}$	
				1

Subtraktionen

11

A $\frac{1}{2} - \frac{1}{3} =$

$\frac{1}{2} - \frac{1}{4} =$

$\frac{1}{2} - \frac{1}{5} =$

$\frac{1}{2} - \frac{1}{6} =$

$\frac{1}{2} - \frac{1}{8} =$

$\frac{1}{2} - \frac{1}{10} =$

$\frac{1}{2} - \frac{1}{20} =$

$\frac{1}{2} - \frac{1}{100} =$

B $\frac{3}{4} - \frac{1}{2} =$

$\frac{3}{4} - \frac{1}{3} =$

$\frac{3}{4} - \frac{1}{4} =$

$\frac{3}{4} - \frac{1}{5} =$

$\frac{3}{4} - \frac{1}{6} =$

$\frac{3}{4} - \frac{1}{8} =$

$\frac{3}{4} - \frac{1}{10} =$

$\frac{3}{4} - \frac{1}{20} =$

C $\frac{2}{3} - \frac{1}{2} =$

$\frac{2}{3} - \frac{1}{3} =$

$\frac{2}{3} - \frac{1}{4} =$

$\frac{2}{3} - \frac{1}{5} =$

$\frac{2}{3} - \frac{1}{6} =$

$\frac{2}{3} - \frac{1}{8} =$

$\frac{2}{3} - \frac{1}{9} =$

$\frac{2}{3} - \frac{1}{12} =$

Operieren mit Brüchen

17

Zahlenmauern mit gebrochenen Zahlen

12 Vervollständige die Zahlenmauern wie im Beispiel.
Achtung: Es sind verschiedene Lösungen möglich.

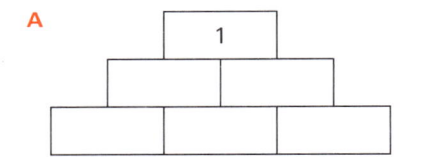

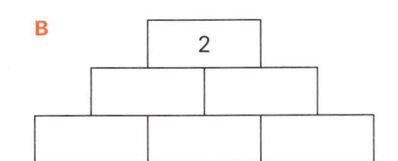

Beispiel:
- oben: $\frac{17}{12}$
- mitte: $\frac{5}{6}$, $\frac{7}{12}$
- unten: $\frac{1}{2}$, $\frac{1}{3}$, $\frac{1}{4}$

A 1

B 2

C $\frac{1}{3}$

Selbstbeurteilung «Operieren mit Brüchen»

Ich kann…

☐ die vier Grundoperationen mit Brüchen an Modellen verstehen und nachvollziehen. **SB 1, 2, 4 bis 7   AH 1, 2, 3 und 5**

☐ gebrochene Zahlen multiplizieren. **SB 2 und 3   AH 3 bis 6**

Zusätzlich kann ich…

☐ gebrochene Zahlen addieren und subtrahieren. **SB 9 und 10   AH 9 bis 12**

☐ gebrochene Zahlen dividieren. **SB 6 und 7   AH 7 bis 8**

☐ Kopfrechnungen zu allen vier Grundoperationen mit gebrochenen Zahlen durchführen. **SB «Rechentraining»**

☐ Weitere Aufgaben   «Grundanforderungen» **A317-01**

☐ Weitere Aufgaben   «Zusatzanforderungen» **A317-02**

☐ Arbeitsrückschau im Merkheft **A317-03**

☐ Teste dich selbst **A317-04**

Prozente   18

Buchstabenhäufigkeit

1 A «Mathematik» ist ein Wort mit 10 Buchstaben. Der Buchstabe «a» kommt in diesem Wort zweimal vor:
2 von 10 = $\frac{2}{10}$ = $\frac{20}{100}$ = 0,20 = 20 %
Suche Worte mit vielen «e», «a» oder «n».
Notiere zu diesen Worten den entsprechenden Bruch und die Prozentzahl.

Beispiele:

Wort	Buchstabe	Bruch	Prozent
Zahlenpaar	a	$\frac{3}{10}$	30 %
Aarau	a	$\frac{3}{5}$	60 %
Pflaumenbaum	a	$\frac{1}{6}$	16,7 %
Suppenteller	e	$\frac{1}{4}$	25 %

B Überlege dir, warum es einfacher ist, Wörter mit $66\frac{2}{3}$ % «e» zu finden als solche mit 60 %.
C Weshalb wird es kaum möglich sein, Wörter mit 70 % «e» zu finden?
D Aus wie vielen Buchstaben können Wörter bestehen, die 30 % (37,5 %)
eines bestimmten Buchstabens enthalten?
E Zu welchen der folgenden Anteile ist es eher einfach, Wörter zu finden?
45 %   42,8 %   40 %   35 %   33,3 %   32 %   30 %   28,6 %   28 %   25 %   22,2 %   20 %

Relative Häufigkeit → absolute Häufigkeit

2 In der Aufgabe 1 im Schulbuch hast du die Anzahl Buchstaben in den Texten bestimmt («absolute Häufigkeit»)
und daraus die «relative Häufigkeit» in Prozenten berechnet.
Jetzt gehst du den umgekehrten Weg:
Aus der «relativen Häufigkeit» in Prozenten berechnest du die Anzahl Buchstaben («absolute Häufigkeit»).

A Französischer Text mit 331 Buchstaben

Prozentsatz (gerundet)	100 %	75 %	60 %	50 %	20 %	10 %	5 %
Anzahl Buchstaben	331						17

B Italienischer Text mit 277 Buchstaben

Prozentsatz (gerundet)	100 %	75 %	60 %	50 %	20 %	10 %	5 %
Anzahl Buchstaben	277						14

Schätzen

KV «Flaggen» **A318-01**

3 Die Flaggen einiger Staaten sind rot-weiss.
A Schätze den Anteil der beiden Farben an der Gesamtfläche in Prozenten.
B Welche Prozentwerte kannst du genau bestimmen?
C Wie könnte man die Werte für Kanada möglichst genau bestimmen?

Bahrain (Asien)   Grönland (Europa)   Japan (Asien)   Österreich (Europa)   Dänemark (Europa)   Polen (Europa)   Kanada (Nordamerika)   Schweiz (Europa)

Prozente

4 Einige Flaggen sind rot-weiss-grün.
Schätze den Anteil der einzelnen Farben in Prozenten.

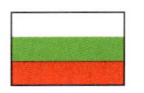

Bulgarien (Europa)   Italien (Europa)   Burundi (Afrika)   Madagaskar (Afrika)   Malediven (Asien)

5 Entwirf Flaggen mit folgenden Prozentanteilen:
A 50 % rot, 25 % blau, 25 % weiss
B 50 % rot, 33,3 % blau, 16,6 % weiss

6 Schätze.
A 35 % von 1200
B 20 % von 798,3
C 59,6 % von 5 000
D 21,04 % von 995
E 9,8 % von 662
F 65,9 % von 17 869

7 Schätze die Anzahl Prozente.
A 17 von 95
B 32,67 von 201
C 215,43 von 303,90
D 0,03 von 2,94
E 5,6 von 266
F 1,32 von 66

8 Wie viel etwa sind 100 %?
A 17 m sind 0,85 %
B 0,62 sind 54,3 %
C 32,67 sind 8,3 %
D 357,8 sind 143 %
E 1432 sind 1,5 %
F 41 620 sind 206 %

9 Stellt euch gegenseitig Aufgaben wie in 6, 7 und 8. Kontrolliert die Ergebnisse.

10 Ordne den Grössen die entsprechenden Anteile in Prozenten zu und umgekehrt.

Beispiel:

Länge	16 m	8 m	1 m	10 cm
Anteil in %	100 %	50 %	6,25 %	0,625 %

A	Gewicht	50 kg	20 kg	1 kg	3 kg	120 kg	20 g	___	___
	Anteil in %	100 %	___	___	___	___	45 %	0,7 %

B	Inhalt	800 ml	300 ml	1 l	___	1 ml	10 l	___	2,5 ml
	Anteil in %	40 %	___	___	100 %	___	0,25 %	___

C	Anteil in %	20 %	___	___	4 %	___	___	___	99,9 %
	Betrag	88 Fr.	100 Fr.	1 Fr.	___	20 Rp.	1 Rp.	255 Fr.	___

Dezimalbruch – Bruch – Prozent

11 A Dividiere im Kopf, schriftlich oder mit dem Taschenrechner.

$\frac{1}{1} =$ $1:1 = 1 = \frac{100}{100} = 100\,\%$

$\frac{1}{2} =$ _____

$\frac{1}{3} =$ $1:3 = 0{,}333\ldots = \frac{33{,}3\ldots}{100} \approx 33{,}3\,\%$ $\frac{2}{3} =$ _____

$\frac{1}{4} =$ _____ $\frac{3}{4} =$ _____

$\frac{1}{5} =$ _____ $\frac{2}{5} =$ _____

$\frac{1}{6} =$ $1:6 = 0{,}166\ldots = \frac{16{,}6\ldots}{100} \approx 16{,}7\,\%$ $\frac{5}{6} =$ _____

$\frac{1}{7} =$ $1:7 = 0{,}142857\ldots = \frac{14{,}3}{100} = 14{,}3\,\%$ $\frac{2}{7} =$ _____

$\frac{1}{8} =$ _____ $\frac{3}{8} =$ _____

$\frac{1}{9} =$ _____ $\frac{2}{9} =$ _____

$\frac{1}{10} =$ _____ $\frac{3}{10} =$ _____

$\frac{1}{12} =$ _____ $\frac{7}{12} =$ _____

$\frac{1}{20} =$ _____ $\frac{3}{20} =$ _____

$\frac{1}{25} =$ _____ $\frac{2}{25} =$ _____

B Verwandelt man den Bruch $\frac{1}{6}$ in einen Dezimalbruch, entsteht ein nicht abbrechender, periodischer Dezimalbruch. Suche mit dem Rechner weitere solche Dezimalbrüche.

12 Vervollständige die Tabellen.

A

Dezimalbruch	Bruch	Prozent
0,1		
	$\frac{1}{8}$	
		20 %
0,12		
	$\frac{3}{5}$	
		28 %

B

Dezimalbruch	Bruch	Prozent
0,45		
	$\frac{4}{5}$	
		99 %
1,0		
	$\frac{1}{6}$	
		125 %

Prozente 18

13 Ordne die Zahlen nach ihrer Grösse.

Beispiel: $\frac{2}{100}$ 0,2   2% $\frac{1}{2}$ 0,2‰ $\frac{1}{50}$ 20   0,02   2

Lösung: $20 > 2 > \frac{1}{2} > 0,2 > \frac{2}{100} = 2\% = \frac{1}{50} = 0,02 > 0,2‰$

A	25%	2,5	$\frac{50}{200}$	$\frac{50}{2}$	$\frac{1}{4}$	0,25	$\frac{5}{20}$	2,5%	0,0025
B	0,125	$\frac{25}{2}$	$\frac{125}{10\,000}$	$\frac{250}{200}$	$\frac{2}{16}$	1,25%	125%	$\frac{2}{8}$	$\frac{1}{8}$‰
C	$\frac{6}{4}$	0,666	$\frac{200}{300}$	66%	$\frac{2}{3}$	66,6%	66,7%	0,6	$\frac{1}{8}$‰

Selbstbeurteilung «Prozente»

Ich kann …

☐ gebräuchliche Zahlen in den drei Schreibweisen Prozent, Bruch, Dezimalbruch lesen und schreiben. **SB 7 und 8   AH 12**

☐ Zahlen in Prozent-, Dezimal- und Bruchschreibweise der Grösse nach ordnen. **AH 13**

☐ zu Anzahlen (absoluten Häufigkeiten) die entsprechenden relativen Häufigkeiten in Prozenten berechnen. **SB 1   AH 1A und 2**

☐ Prozentzahlen verwenden, um Anteile von Grössen (Flächen, Längen, Gewichte, Geldbeträge) auszudrücken. **AH 3, 4, 8 und 10**

☐ bei Kreissektoren den Anteil am gesamten Kreis in Prozenten ausdrücken. **SB 6 und 7**

Zusätzlich kann ich …

☐ Prozentangaben auch in komplexen Zusammenhängen vergleichen und kommentieren sowie Kommentare überprüfen. **SB 2 bis 6**

☐ ungebräuchliche und periodische Brüche in Dezimalbrüche und Prozentzahlen verwandeln. **AH 11**

☐ Zu Prozentangaben durch Überlegen und Probieren Beispiele finden. **AH 1C bis 1E und 5**

☐ Zusammenhänge formulieren sowie sprachlich formulierte Zusammenhänge verstehen. **SB 2 und 4**

☐ Prozentangaben in Bezug auf verschiedene Grundwerte verstehen und berechnen. **SB 6   AH 1B bis 1E**

☐ Weitere Aufgaben «Grundanforderungen» **A318-02**

☐ Weitere Aufgaben «Zusatzanforderungen» **A318-03**

☐ Arbeitsrückschau im Merkheft **A318-04**   ☐ Teste dich selbst **A318-05**

Summen und Produkte 19

Möglichst geschickt

1 Addiere möglichst geschickt.
Beispiel: 97 + 85 = (97+3) + (85−3) = 100 + 82 = 182

A 55 + 98   104 + 345   190 + 750   980 + 75
B Begründe, warum das funktioniert.
C Erfinde eigene solche Additionen und gib sie andern zu lösen.

2 Subtrahiere möglichst geschickt.
Beispiele: 560 − 204 = (560 − 4) − (204 − 4) = 556 − 200 = 356
887 − 99 = (887 + 1) − (99 + 1) = 888 − 100 = 788

A 596 − 297   604 − 560   907 − 109   884 − 689
B Begründe mithilfe des Zahlenstrahls, warum das funktioniert.
C Erfinde eigene solche Subtraktionen und gib sie andern zu lösen.

Umformungen

3 Die Zahlenterme werden jeweils dreimal umgeformt. Eine Umformung pro Term ist falsch. Kreuze die falsche Umformung an.

	Zahlenterm	Umformung 1	Umformung 2	Umformung 3
A	25 + 20 − 2 − 4	25 + 2 − 4 − 20 ☐	25 + 20 − 4 − 2 ☐	20 − 2 + 25 − 4 ☐
B	25 + 20 − (2 + 4)	25 + 20 − (4 + 2) ☐	(25 + 20) − 2 + 4 ☐	25 + (20 − 2) − 4 ☐
C	25 − (20 + 2 − 4)	25 − (20 − 4 + 2) ☐	25 − (20 − 4) − 2 ☐	25 − 20 + 2 − 4 ☐
D	25 + (20 − 2) − 4	25 + 18 − 4 ☐	25 + 20 − (2 − 4) ☐	(25 + 20) − 4 − 2 ☐
E	25 · 20 : 4 · 2	25 · 20 : (4 · 2) ☐	20 : 4 · 25 · 2 ☐	25 · 20 · $\frac{1}{4}$ · 2 ☐
F	25 · (20 − 12 + 4)	25 · (4 + 20 − 12) ☐	(25 · 24) − (25 · 12) ☐	(25 · 20) − (25 · 16) ☐
G	(25 · 20) − 4 + 2	(25 · 20) − (4 − 2) ☐	25 · 20 − 4 + 2 ☐	25 · (20 − 4) + 2 ☐

4 Vereinfache die Terme wie im Beispiel: x + y + 2x + 3y = 3x + 4y

A   r + r + r + s + s = _____

2r + 3s + 3r = _____

8s + 2r + 5r − 4s = _____

3r + 6s + 4r + 5r + (3r + s) = _____

B   a + 2(a + b) = _____

3(5a + 4b) + (10a + 9b) = _____

a + b + 4(3a + 2b) − 6a − 5b = _____

2(5a + 4b) + 2(a + 3b) = _____

Summen und Produkte

5
Wie rechnest du? Stelle deinen Rechenweg dar.
Beispiel: 12 + 24 + 26 + 18 = (12 + 18) + (24 + 26) = 30 + 50 = 80
a + b + c + d = (a + d) + (b + c)

A 36 + 15 + 4 + 305 = _____
 a + b + c + d = _____

B 37 + 26 + 13 + 304 = _____
 a + b + c + d = _____

C 38 + 37 + 102 + 303 = _____
 a + b + c + d = _____

D 101 + 205 + 101 + 205 + 188 = _____
 a + b + a + b + c = _____

E 202 + 215 + 202 + 215 + 168 = _____
 a + b + a + b + c = _____

F 303 + 225 + 303 + 225 + 148 = _____
 a + b + a + b + c = _____

6
Vereinfache die Terme.

A 2z + 15x − z + x + 12z − z + 13y = _____

B 25x + 2y − 12x + y + 7y + 7z = _____

C z + 3y + 15x + 4y + 3z − 5x = _____

D 8y + 2x + 3z − 3y + 5x − y − z = _____

7
Vereinfache die Terme.
A 10a + 12b + (2a + b) + 3c =
B c + 2b + (10a + 12b + a) + (3a + 2b) + 4c =
C 10a + 3b + 8c + (4a + b + c) + 11b =
D 11a + 10c + 15b + (7a + 2c) + (a − b + c) =

Summen und Produkte

Terme in Rechenbäumen

8 **A** Vervollständige den Rechenbaum.

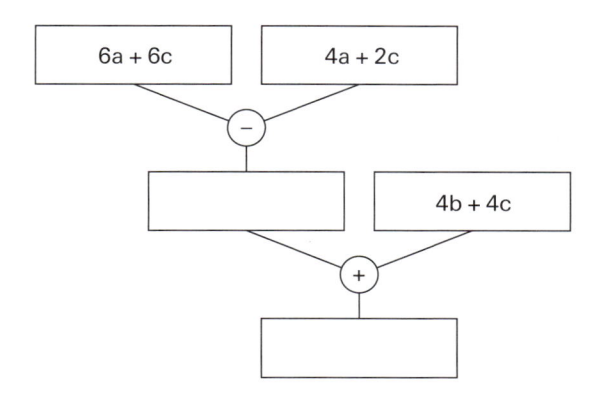

[6a + 6c]   [4a + 2c]
         (−)
   [   ]   [4b + 4c]
         (+)
       [   ]

B Setze die Zahlen ein und berechne das Ergebnis.
a = 22, b = 33, c = 35

9 **A** Vervollständige den Rechenbaum.

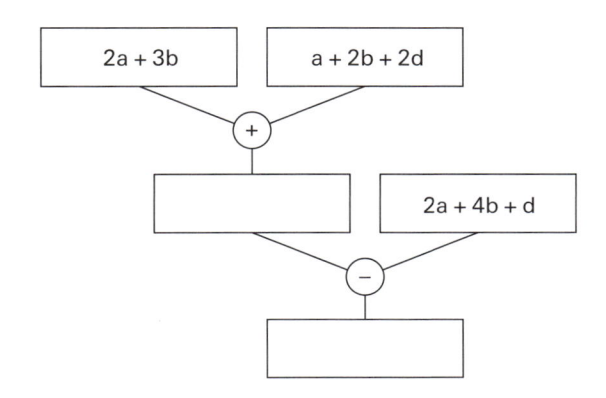

[2a + 3b]   [a + 2b + 2d]
         (+)
   [   ]   [2a + 4b + d]
         (−)
       [   ]

B Setze für a, b, und d verschiedene Werte ein und berechne die Ergebnisse.

	a	b	d	Ergebnis
1	__	__	__	__
2	__	__	__	__
3	__	__	__	__

Terme in Zahlenmauern

10 **A** Welche Zahl ergibt sich im Deckstein für x = 3 und y = 8? Welche für x = 5 und y = 6?
Wähle selbst weitere Werte für x und y.

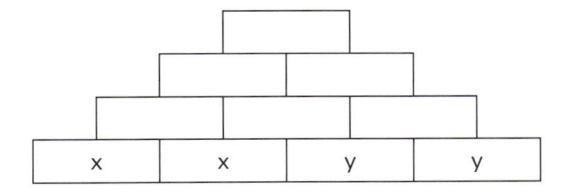

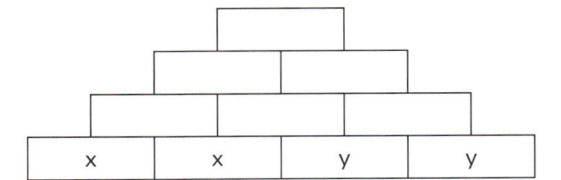

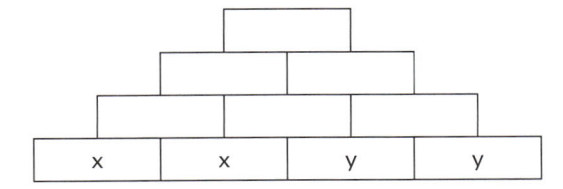

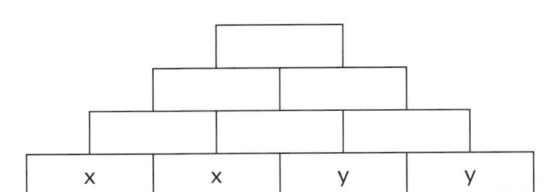

(Vier Zahlenmauern mit Basis: x, x, y, y)

B Untersuche, durch welche Zahlen die Zahl im Deckstein stets teilbar ist. Begründe deine Antwort mit Variablen.

Summen und Produkte

Rechteckmodell

11 Aus dem Bild kannst du neun Produkte ablesen. Eines ist zum Beispiel b(c + d) = bc + bd.
Notiere die acht anderen auf gleiche Weise.

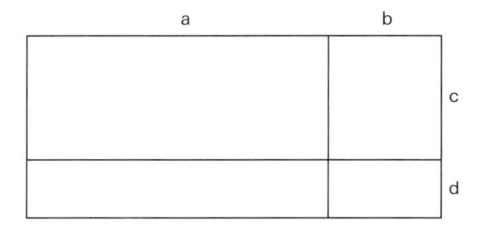

12 Verwandle diese Summen in Produkte. Die Figur kann dir dabei helfen.
Beispiel: $a^2 + 2ab = a(a + 2b)$

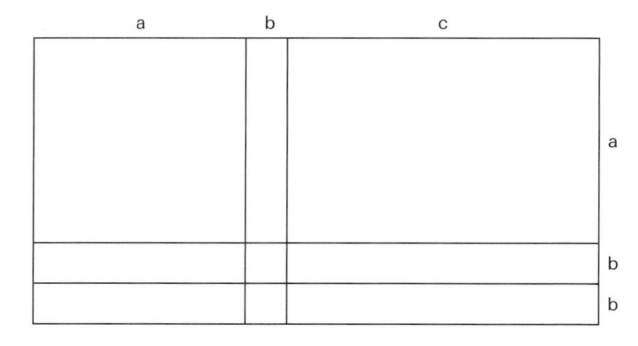

A $2ab + 2b^2 =$ _____

B $ab + 2b^2 =$ _____

C $ab + b^2 + bc =$ _____

D $ab + ac + b^2 + bc =$ _____

Terme in Rechendreiecken

Produkte berechnen und zerlegen

13 A

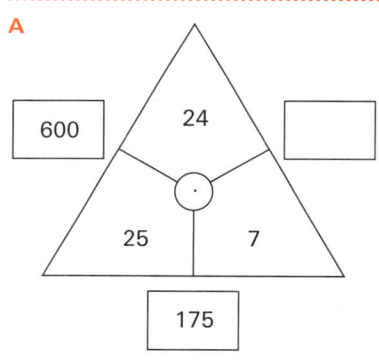

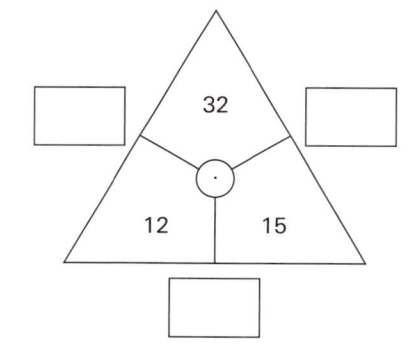

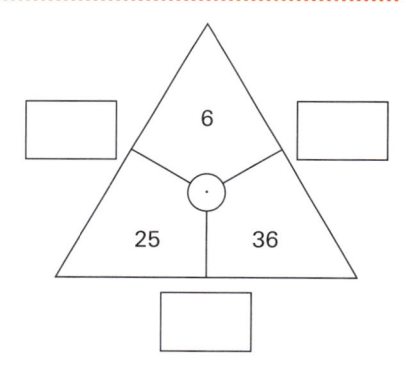

600	24			32			6	
25	7		12	15		25	36
175							

B

	180		16		720	
28	15		24		48	25
			600			

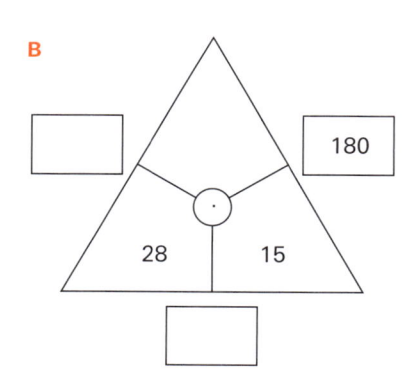

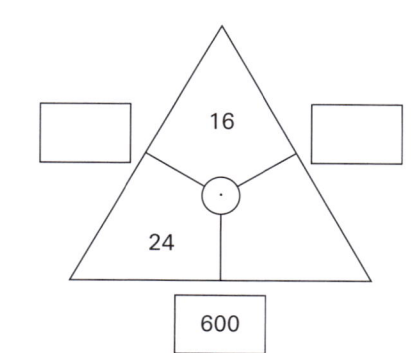

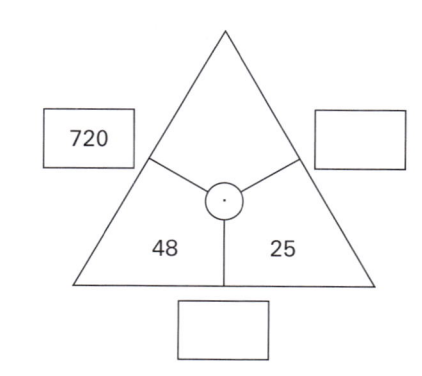

Summen und Produkte

Multiplikation mit Zahlen und Variablen

14 A

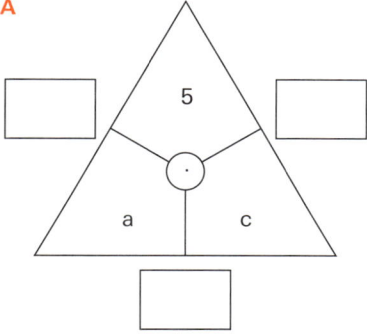

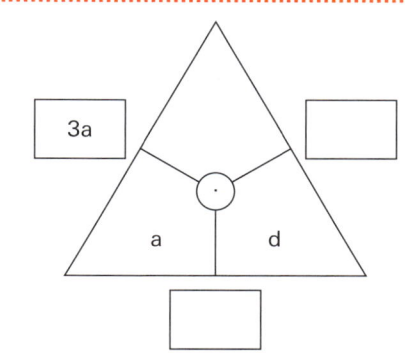

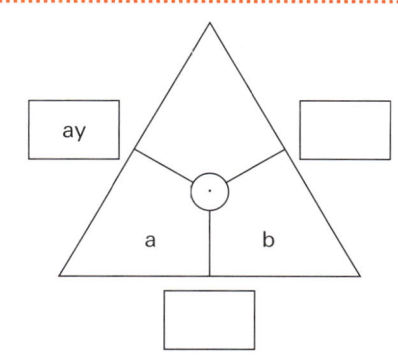

(Three triangles with multiplication; center values 5, 3a, ay; bottom values a,c / a,d / a,b)

B

(Three triangles; center values 4, 4x, 3c; bottom values 5a,3c / 5b,6z / 3c,2b; third bottom box: 12bc)

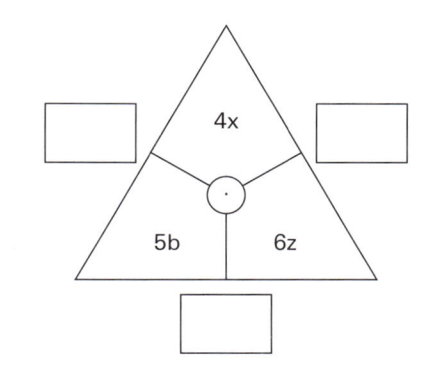

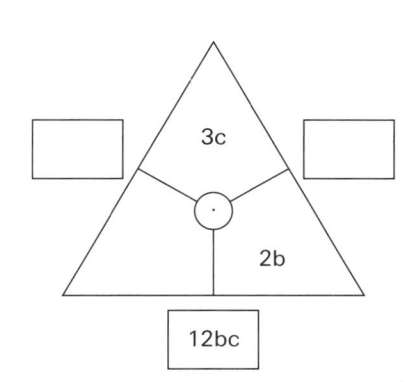

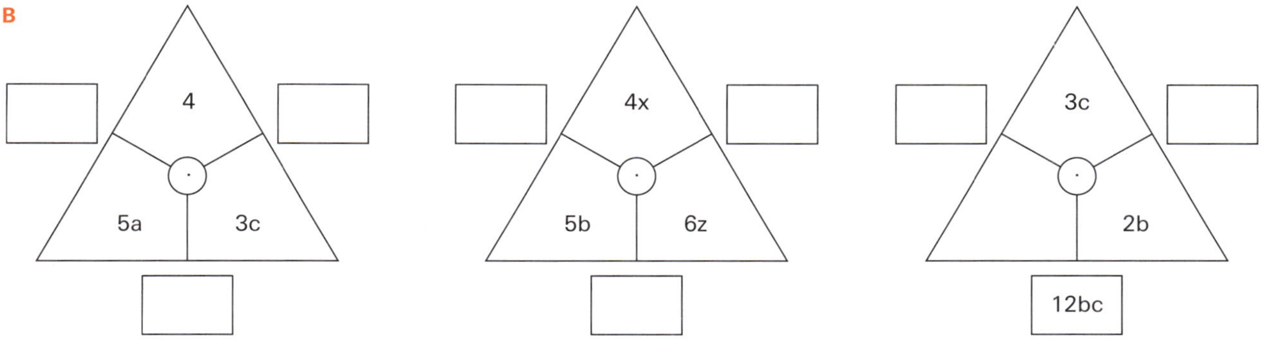

Termumformungen

Terme multiplizieren

15 Umfahre zu jedem Term ein passendes Rechteck. Nimm jedes Mal eine andere Farbe. Notiere dann zu jedem Term einen gleichwertigen Term.

$(a + b)b =$ _____

$c(a + b + c) =$ _____

$(b + c)(a + b) =$ _____

$(b + 2c)a =$ _____

$a^2 + ab + ac =$ _____

$ac + bc + c^2 =$ _____

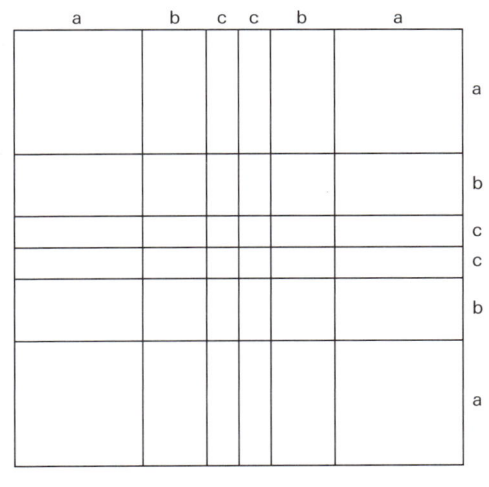

Summen und Produkte 19

Spiel: Wer erreicht das grösste Ergebnis?

16 Gegeben ist folgender Term: e · (f · (2 · a + b) + 120 : c − d)

A Spielt mindestens zu dritt. Jemand wirft einen Spielwürfel. Alle Mitspielenden entscheiden für sich, welche Variable im Term durch die gewürfelte Augenzahl ersetzt werden soll. Es wird weiter gewürfelt, bis sämtliche Variablen durch Zahlen ersetzt sind. Dann berechnen alle Mitspielenden jeweils den Wert ihres Terms. Wer erreicht das grösste Ergebnis?

B Spielt das Spiel mit der Frage: «Wer erreicht das kleinste Ergebnis?»

Terme und Faktoren

17 Gegeben sind achtundzwanzig Terme:

Terme							
5a	$2a^2 + 4a$	ax	2ax	$a^2 + 2ax$	10a + 5x	$4a^2 + 2ax$	
10a	ax + 2x	5x	4ax	$ax + 2x^2$	$4ax + 2x^2$	$2a^2 + ax + 4a + 2x$	
$2x^2$	$2ax + 4x^2$	10x	2ax + 4x	$2ax + x^2$	5a + 10	$a^2 + 2ax + 2a + 4x$	
$2a^2$	$a^2 + 2a$	10a + 5x	5a + 10x	$2a^2 + ax$	$2a^2 + 4ax$	$2a^2 + 2x^2 + 5ax$	

Jeder der 28 Terme kann als Produkt von zwei der folgenden Faktoren dargestellt werden.

Faktoren							
a	x	5	2x	2a	(a + 2)	(a + 2x)	(2a + x)

Beispiele:
5a = 5 · a
$2a^2 + 4a = 2a · (a + 2)$

Notiere solche Faktorzerlegungen.

Selbstbeurteilung «Summen und Produkte»

Ich kann…

☐ Rechenregeln zur Vereinfachung von Rechnungen anwenden.
SB 2, 3, 5 und 6   AH 1 bis 3

☐ Variablen in Termen durch Zahlen ersetzen und den Wert der Terme bestimmen. **SB 1 bis 5   AH 8, 10**

☐ einfache Terme mit Buchstaben addieren, subtrahieren und multiplizieren. **AH 4 bis 6, 14**

Zusätzlich kann ich…

☐ Rechenregeln zur Umformung von komplexeren Termen anwenden.
AH 7 bis 9, 15

☐ selbstständig die Umformung von Termen durch Ersetzen von Variablen durch Zahlen überprüfen. **AH 8 bis 10**

☐ einfache Terme in Produkte zerlegen. **AH 12, 15, 17**

☐ Weitere Aufgaben
«Grundanforderungen» **A319-01**

☐ Weitere Aufgaben
«Zusatzanforderungen» **A319-02**

☐ Arbeitsrückschau im Merkheft **A319-03**

☐ Teste dich selbst **A319-04**

# Symmetrien und Winkel — 20

Symmetrien

KV «Spielkarten» **A320-01**

1
  A Schneide die Spielkarten aus (Kopiervorlage). Zerschneide sie in eine obere und eine untere Hälfte. Setze möglichst viele «echte» Karten zusammen und klebe sie in dein Heft.
  B Setze auch die übrig gebliebenen Stücke zu Karten zusammen und klebe sie ebenfalls ins Heft. Was ist bei diesen Karten «falsch»?

Achsensymmetrie

2 Auf dem Schmetterling sind ein Punkt A und sein Spiegelbild A' eingezeichnet.
Wir nennen A einen Originalpunkt und A' seinen Bildpunkt.

  A Trage zu den Originalpunkten B und C die Bildpunkte B' und C' ein.
  B Verbinde jeden Originalpunkt mit seinem Bildpunkt. Beschreibe, wie die Verbindungsstrecken liegen.
  C Ziehe eine Gerade durch zwei Originalpunkte. Zeichne das Spiegelbild dieser Geraden.
  D Wie liegen eine Gerade und ihr achsensymmetrisches Bild? Beschreibe.

3
  A Trage beim Käfer die Symmetrieachse ein. Wähle zwei Originalpunkte E und F. Zeichne mit dem Geodreieck ihre Bildpunkte.
  B Wiederhole, was du in Aufgabe 2 gemacht hast.
  C Wähle einen dritten Originalpunkt G. Zeichne zuerst das Dreieck EFG. Zeichne dann das Bilddreieck E'F'G'. Vergleiche die beiden Dreiecke.

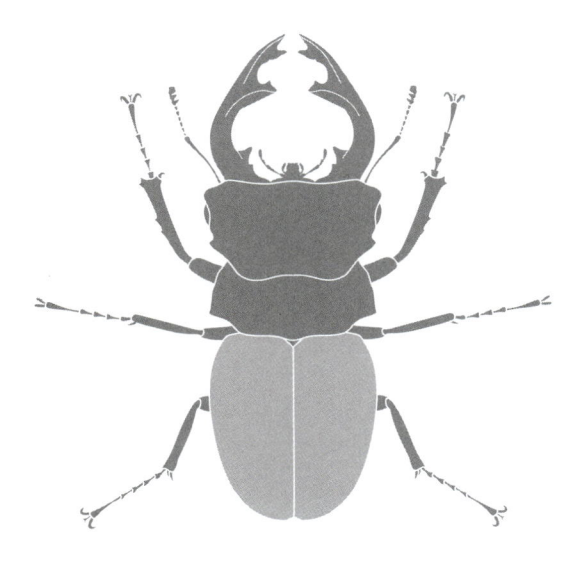

Punktsymmetrie

4 Auf der Spielkarte links sind zwei Originalpunkte A und B sowie ein Bildpunkt A' eingezeichnet.

- **A** Trage zum Originalpunkt B den Bildpunkt B' ein.
- **B** Zeichne weitere Original- und Bildpunkte ein.
- **C** Verbinde jeden Originalpunkt mit seinem Bildpunkt. Beschreibe, wie die Verbindungsstrecken liegen.
- **D** Ziehe eine Gerade durch die beiden Originalpunkte. Zeichne das Bild dieser Geraden.
- **E** Wie liegen eine Gerade und ihr punktsymmetrisches Bild? Beschreibe.

5
- **A** Trage bei der zweiten Karte den Symmetriepunkt ein. Wähle dann zwei Originalpunkte E und F. Zeichne mit dem Geodreieck die Bildpunkte E' und F'.
- **B** Wiederhole, was du in Aufgabe 4 gemacht hast.
- **C** Wähle einen dritten Originalpunkt G. Zeichne zuerst das Dreieck EFG. Zeichne dann das Bilddreieck E'F'G'. Vergleiche die beiden Dreiecke.

Winkel

Scheitelwinkel, Nebenwinkel und Stufenwinkel

6

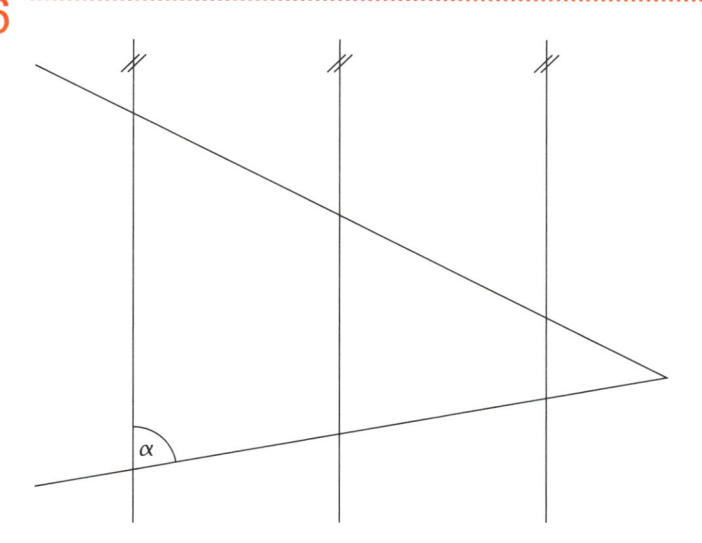

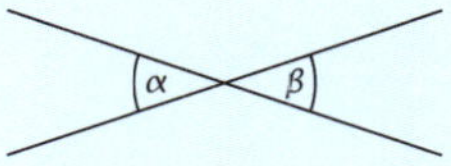

Scheitelwinkel

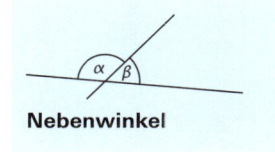

Nebenwinkel

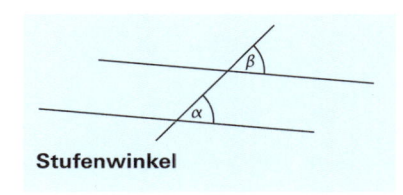

Stufenwinkel

A Finde Winkel, die gleich gross sind wie α.
B Finde und bezeichne andere Gruppen von gleich grossen Winkeln.
C Finde Winkel, die sich zu 180° ergänzen.
D Fasse deine Beobachtungen zusammen, benütze dazu die blau hinterlegten Begriffe.

Geogebra Anwendung **A320-02**

7

Winkel können mit griechischen Buchstaben α, β, γ ...
oder mit Winkel «ABC» bezeichnet werden.
Mit ABC ist der Winkel zwischen AB und BC gemeint.

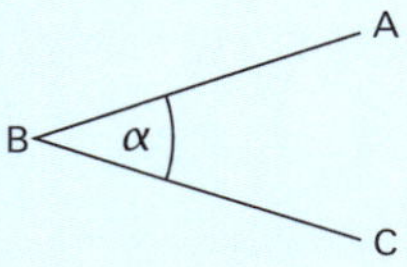

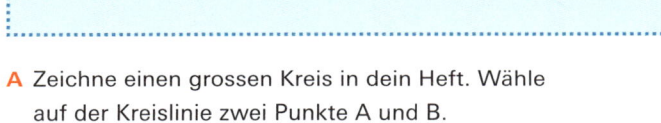

A Zeichne einen grossen Kreis in dein Heft. Wähle auf der Kreislinie zwei Punkte A und B.
B Zeichne weitere Punkte C auf der Kreislinie. Miss die Winkel $\gamma_1, \gamma_2, \gamma_3$. Was stellst du fest?

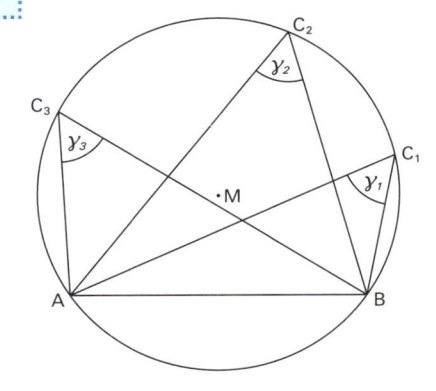

8 Zeichne einen grossen Kreis in dein Heft. Zeichne einen Durchmesser mit den Endpunkten A und B ein. Zeichne weitere Punkte C auf der Kreislinie. Miss die Winkel ACB. Was stellst du fest?

Symmetrien und Winkel — 20

▶ **Kopfgeometrie**

Würfel ergänzen
Kopfgeometrie online **A320-03**

Hier siehst du den unteren Teil eines 3-mal-3-mal-3-Würfels:

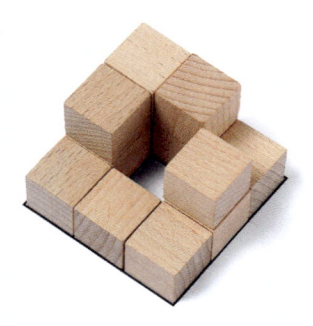

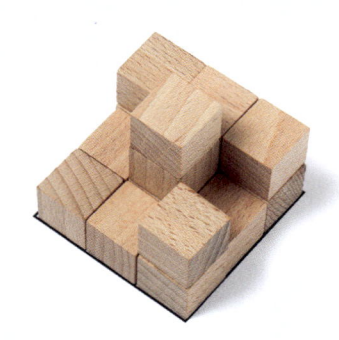

Baue den Teil eines 3-mal-3-mal-3-Würfels, welcher den gegebenen Teil zu einem vollständigen Würfel ergänzt.

Lösung

Selbstbeurteilung «Symmetrien und Winkel»

Ich kann ...

☐ Achsensymmetrie und Punktsymmetrie erkennen und ihre Eigenschaften beschreiben. **SB 6   AH 1**

☐ eine Figur an einer Achse oder einem Punkt spiegeln. **AH 2 bis 5**

☐ an Parallelen, die von Geraden geschnitten werden, gleiche Winkel erkennen. **SB 9   AH 6**

☐ die Winkelsumme von Drei- und Vierecken angeben und Winkel in Drei- und Vierecken berechnen. **SB 10 und 12**

Zusätzlich kann ich ...

☐ achsen- und punktsymmetrische Bilder konstruieren. **SB 8**

☐ Vielecke in Dreiecke zerlegen und Winkel in Vielecken berechnen. **SB 13**

☐ Weitere Aufgaben
«Grundanforderungen» **A320-04**

☐ Weitere Aufgaben
«Zusatzanforderungen» **A320-05**

☐ Arbeitsrückschau im Merkheft **A320-06**

☐ Teste dich selbst **A320-07**

Boccia – Pétanque – Boule   21

Boccia: Spielsituationen

1 Hier siehst du vier Spielsituationen. Entscheide jeweils, welches Team wie viele Punkte bekommt.

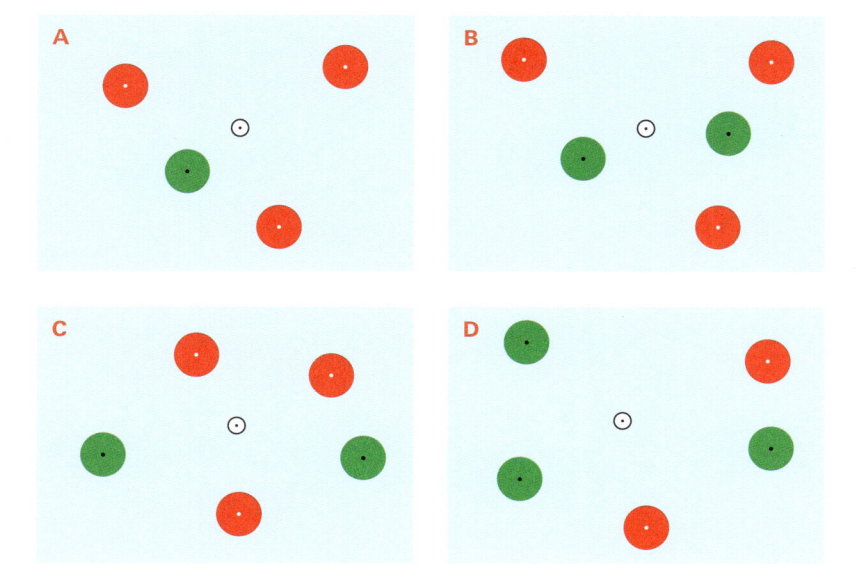

A   B

C   D

Mittelsenkrechte

2 Die Zeichnung zeigt eine Konstruktion, deren Ausgangspunkt die Punkte P und Q waren.

A Überlege dir, wie die Zeichnerin vorgegangen ist. Beschreibe die Reihenfolge.

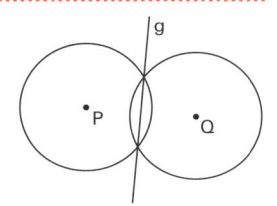

• P

• Q

B Führe die Konstruktion bei den Punkten P und Q selber aus.
C Welche Eigenschaften bezüglich der Punkte P und Q hat die Gerade g?
D Konstruiere in dein Heft weitere solche Geraden zwischen zwei Punkten.

Winkelhalbierende

3 In der folgenden Konstruktion ging die Zeichnerin von den beiden Geraden g_1 und g_2 aus.

A Beschreibe, wie sie vorgegangen ist.

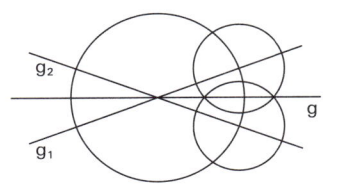

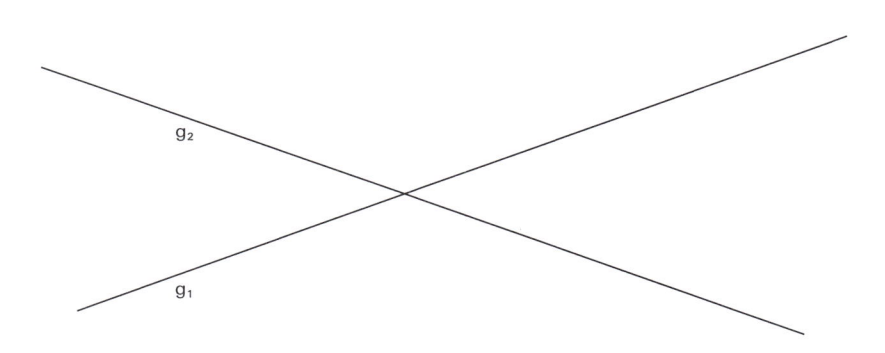

B Führe die Konstruktion an den Geraden g_1 und g_2 selber aus.
C Welche Eigenschaft bezüglich g_1 und g_2 hat die Gerade g?
D Konstruiere in dein Heft weitere solche Geraden zwischen zwei sich schneidenden Geraden.

Lot

4 In einer weiteren Konstruktion ging die Zeichnerin von der Geraden g und dem Punkt P aus.

A Beschreibe, wie sie vorgegangen ist.

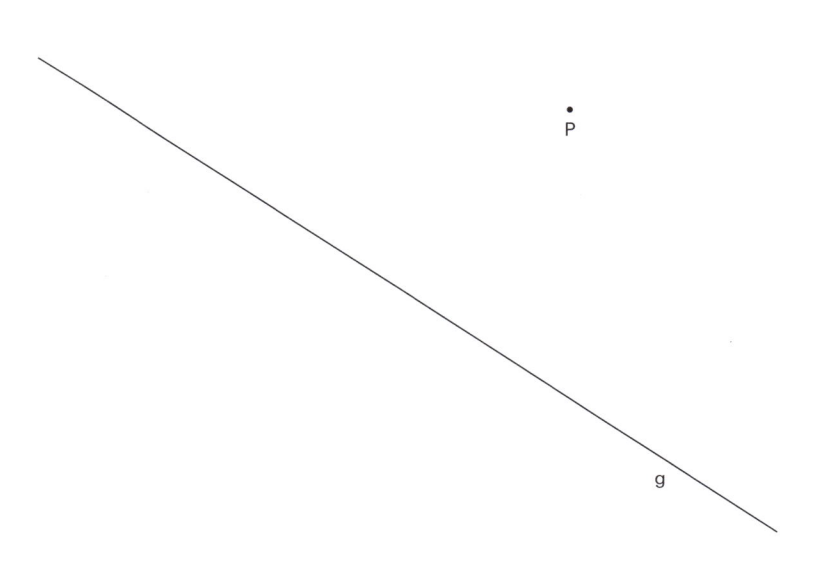

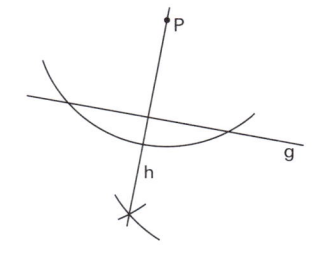

B Führe die Konstruktion selber aus.
C Welche Lage hat die Gerade h bezüglich der Geraden g?
D Konstruiere in dein Heft weitere solche Geraden von einem Punkt auf eine Gerade.

Boccia – Pétanque – Boule

5 Welcher der Punkte Q und R liegt jeweils näher beim Punkt P?
Überlege dir mehrere Möglichkeiten, die Frage exakt zu beantworten.

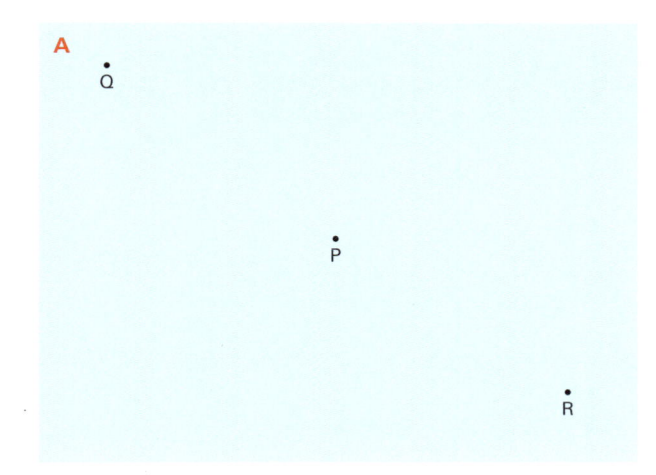

A

•Q

•P

•R

B

•P

•R

•Q

6 Zeichne zwei Punkte P und Q in dein Heft und miss den Abstand zwischen den beiden Punkten.
Zeichne weitere Punkte, die von P den gleichen Abstand haben wie der Punkt Q. Wo liegen alle diese Punkte?

7 A Zeichne zwei Punkte P und Q in dein Heft. Zeichne verschiedene Punkte, die von P und Q jeweils gleich weit entfernt sind.
  B Zeichne zwei Punkte P und Q in dein Heft. Wo liegen die Punkte, die näher bei Punkt P als bei Punkt Q liegen? Zeichne sie ein.

8 Wo kann ein Punkt sein, der von allen drei Punkten P, Q und R genau gleich weit entfernt ist?
Konstruiere einen solchen Punkt. Wie viele Lösungen findest du?

•R

•Q

•P

Kopfgeometrie

Kippbewegungen mit dem Würfel (Partnerarbeit) Kopfgeometrie online **A321-01**

Stelle einen Spielwürfel so vor dich hin, dass für dich eindeutig klar ist, welche Augenzahlen oben, unten, links, rechts, vorne, hinten sind. Präge dir die Augenzahlen gut ein und schliesse die Augen.

Jemand gibt dir Kippbewegungen vor, zum Beispiel «einmal von dir weg kippen, dann einmal nach rechts kippen».
Sage, welche Augenzahlen jetzt oben, welche unten, links, rechts, vorne und hinten sind.

Selbstbeurteilung «Boccia – Pétanque – Boule»

Ich kann ...

- [ ] die Mittelsenkrechte zwischen zwei Punkten bzw. auf einer Strecke konstruieren. **SB 2   AH 2**
- [ ] die Winkelhalbierende zwischen zwei sich schneidenden Geraden konstruieren. **SB 5   AH 3**
- [ ] das Lot von einem Punkt auf eine Gerade fällen. **SB 4   AH 4**

Zusätzlich kann ich ...

- [ ] den Schnittpunkt der Mittelsenkrechten von drei Dreiecksseiten als Umkreismittelpunkt des Dreiecks erkennen. **SB 3 und 8A   AH 8**
- [ ] den Schnittpunkt der Winkelhalbierenden in einem Dreieck als Inkreismittelpunkt des Dreiecks erkennen. **SB 4 und 8B**

- [ ] Weitere Aufgaben «Grundanforderungen» **A321-02**
- [ ] Weitere Aufgaben «Zusatzanforderungen» **A321-03**

- [ ] Arbeitsrückschau im Merkheft **A321-04**
- [ ] Teste dich selbst **A321-05**

Jugendliche und Medien 22

Grafiken lesen

Freizeitverhalten ohne Medienkonsum

1 In der Grafik sind die Ergebnisse einer Umfrage unter rund 1000 Jugendlichen im Alter von 12 bis 19 Jahren zusammengefasst. Sie wurden gefragt, was sie wie oft in ihrer Freizeit unternehmen, wenn sie nicht Medien konsumieren.

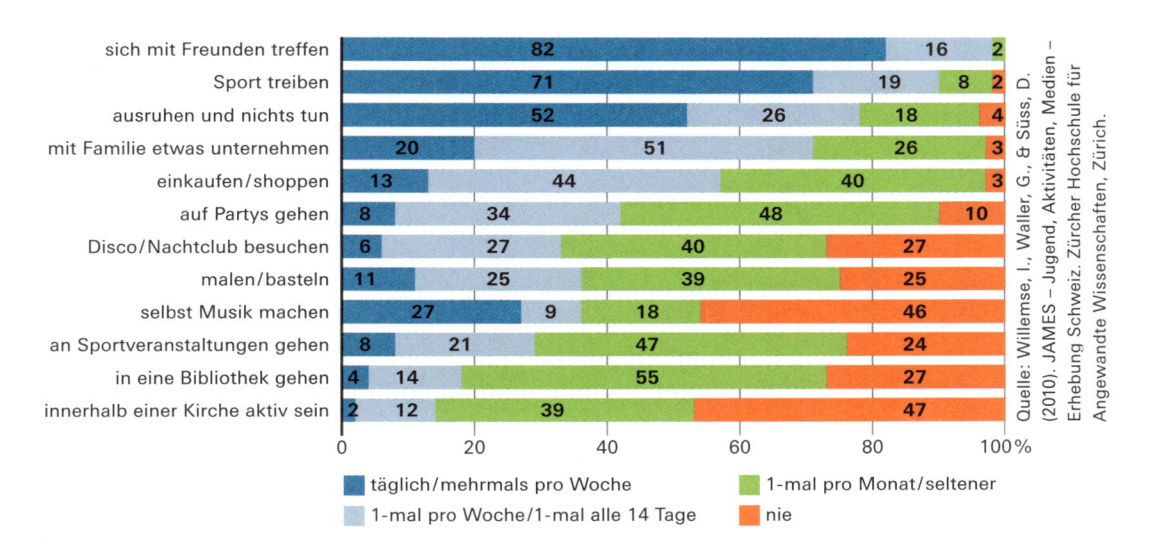

Aktivität	täglich/mehrmals pro Woche	1-mal pro Woche/1-mal alle 14 Tage	1-mal pro Monat/seltener	nie
sich mit Freunden treffen	82	16		2
Sport treiben	71	19	8	2
ausruhen und nichts tun	52	26	18	4
mit Familie etwas unternehmen	20	51	26	3
einkaufen/shoppen	13	44	40	3
auf Partys gehen	8	34	48	10
Disco/Nachtclub besuchen	6	27	40	27
malen/basteln	11	25	39	25
selbst Musik machen	27	9	18	46
an Sportveranstaltungen gehen	8	21	47	24
in eine Bibliothek gehen	4	14	55	27
innerhalb einer Kirche aktiv sein	2	12	39	47

Quelle: Willemse, I., Waller, G., & Süss, D. (2010). JAMES – Jugend, Aktivitäten, Medien – Erhebung Schweiz. Zürcher Hochschule für Angewandte Wissenschaften, Zürich.

A Zeige an Beispielen, was die Farben und Zahlen in dieser Grafik bedeuten.
B Stellt einander Fragen wie «Wie viele Jugendliche machen in ihrer Freizeit täglich oder mehrmals pro Woche Musik?». Beantwortet die Fragen und überprüft euch gegenseitig.

Fernsehkonzessionen

2 Das Diagramm stellt grob dar, wie viele Fernsehkonzessionen (= Anzahl Haushalte mit gemeldeten Fernsehgeräten) in welchem Jahr in der Schweiz erteilt wurden.

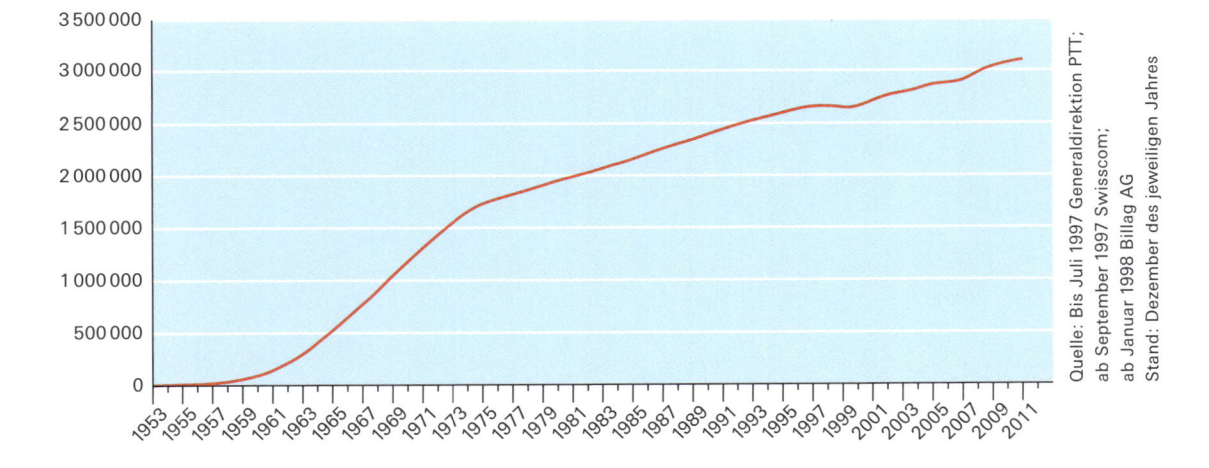

Quelle: Bis Juli 1997 Generaldirektion PTT; ab September 1997 Swisscom; ab Januar 1998 Billag AG
Stand: Dezember des jeweiligen Jahres

A Wie viele Konzessionen wurden im Jahr 1990 etwa erteilt?
B In welchem Jahr gab es erstmals über eine Million Fernsehkonzessionen?
C Welches ist das Rekordjahr für die Anzahl Konzessionen? Wie viele waren es damals?
D Seit wann gibt es in der Schweiz Fernsehen?
E Im Jahr 1990 lebten etwa 6,8 Millionen Menschen in der Schweiz. Wie viele Fernsehkonzessionen gab es damals auf 1000 Personen?
F In welchem Jahr gab es etwa 50% (20%, 80%) der maximalen Anzahl Fernsehkonzessionen?
G Wie viele Konzessionen sind zwischen 1980 und 1990 etwa neu dazugekommen?
H Stellt euch gegenseitig weitere Fragen, die mithilfe dieses Diagramms beantwortet werden können.

Schweizer Fernsehen in Stunden

3 Das Diagramm zeigt die Anzahl Stunden, welche vom Schweizer Fernsehen zwischen 1980 und 1990 jährlich ausgestrahlt wurden.

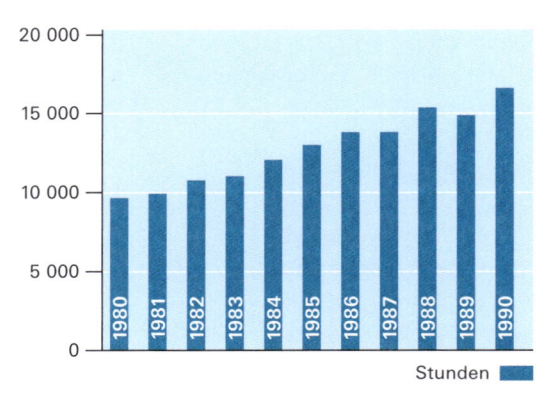

A Wie viele Stunden wurde jährlich zwischen 1980 und 1990 im Durchschnitt gesendet?
B Wie viele Stunden wurde in den einzelnen Jahren durchschnittlich pro Tag ausgestrahlt?
C Um wie viele Stunden etwa hat die Sendezeit zwischen 1980 und 1990 von Jahr zu Jahr zu- oder abgenommen?

In den 90er-Jahren begann das Schweizer Fernsehen 24 Stunden pro Tag zu senden. Damit variiert die Anzahl ausgestrahlter Stunden nicht mehr – oder höchstens in einem Schaltjahr.

Diagramme erstellen

Radioempfangskonzessionen ab 1935

4 Aus dieser Tabelle kann man die erteilten Radiokonzessionen herauslesen.

Jahr	Gesamttotal der Konzessionen	Anzahl Konzessionen auf 1 000 Einwohner
1935	418 499	101
1940	634 248	150
1945	854 639	194
1950	1 036 710	220
1955	1 233 075	248
1960	1 444 975	266
1965	1 653 679	278
1970	1 851 612	299
1975	2 075 574	324
1980	2 252 915	354
1985	2 467 277	380
1990	2 669 562	395
1995	2 800 183	396

Quelle: Generaldirektion PTT
Stand: Dezember des jeweiligen Jahres

A Erstelle ein Liniendiagramm, das aufzeigt, wie sich die Anzahl Konzessionen im Verlauf der Jahre entwickelt hat.
B Um wie viel haben die Radiokonzessionen zwischen 1940 und 1950, um wie viel zwischen 1950 und 1960 usw. jeweils zugenommen?
C In welchem Jahrzehnt war der Zuwachs am grössten, in welchem am kleinsten?
D Im Jahr 1940 gab es auf 1 000 Einwohner etwa 150 Konzessionen. Du kannst aus der Tabelle herauslesen, wie viele Konzessionen es im Jahr 1940 in der Schweiz insgesamt gab. Daraus kannst du die Anzahl Einwohner der Schweiz für das Jahr 1940 berechnen.
E Erstelle mit den gegebenen Daten eine weitere Tabelle, aus der hervorgeht, wie viele Einwohner die Schweiz in den Jahren 1935, 1940, 1945, ... 1990, 1995 etwa hatte.
F Stelle die Ergebnisse aus Aufgabe E in einem Liniendiagramm dar.

Jugendliche und Medien 22

Wohnbevölkerung der Schweiz

5 Die Tabelle zeigt, wie sich die schweizerische Wohnbevölkerung auf die verschiedenen Altersgruppen verteilt. Dargestellt wird die Situation für folgende Jahre: 1900, 1990, 2000 und 2010.

Wohnbevölkerung nach Altersgruppen: 1900, 1990, 2000 und 2010 **Gerundet**

	1900	1990	2000	2010		1900
0– 9 Jahre	715 005	779 322	820 016	763 546		715 000
10–19 Jahre	628 945	796 979	844 335	872 579		629 000
20–29 Jahre	574 502	1 141 655	886 997	978 050		
30–39 Jahre	456 618	1 080 938	1 193 760	1 096 126		
40–49 Jahre	347 509	995 079	1 060 213	1 277 392		
50–59 Jahre	285 297	759 609	937 484	1 031 892		
60–69 Jahre	198 951	627 115	666 593	840 583		
70–79 Jahre	91 536	437 641	503 245	554 034		
über 80 Jahre	16 493	255 349	291 412	371 604		
Total	3 314 856	6 873 687	7 204 055	7 785 806		

A Runde die angegebenen Zahlen für das Jahr 1900 auf den nächsten Tausender und schreibe sie in die Tabelle.

B Erstelle mit den gerundeten Zahlen ein geeignetes Diagramm.

C Berechne mit den gerundeten Zahlen den prozentualen Anteil jeder Altersgruppe in Bezug auf die Gesamtbevölkerung.

D Erstelle ein Kreisdiagramm mit den Prozentzahlen aus Aufgabe C.

E Vergleiche die Angaben für das Jahr 1900 mit den Angaben für die Jahre 1990, 2000 oder 2010. Führe verschiedene Berechnungen durch und schreibe einen Bericht.

Grafiken interpretieren

6 Auf dieser und der nächsten Seite siehst du vier Grafiken zum Thema «Lesen» aus dem Bericht «Kulturverhalten in der Schweiz, Erhebung 2008» des Bundesamtes für Statistik. Was sagen dir diese Grafiken?

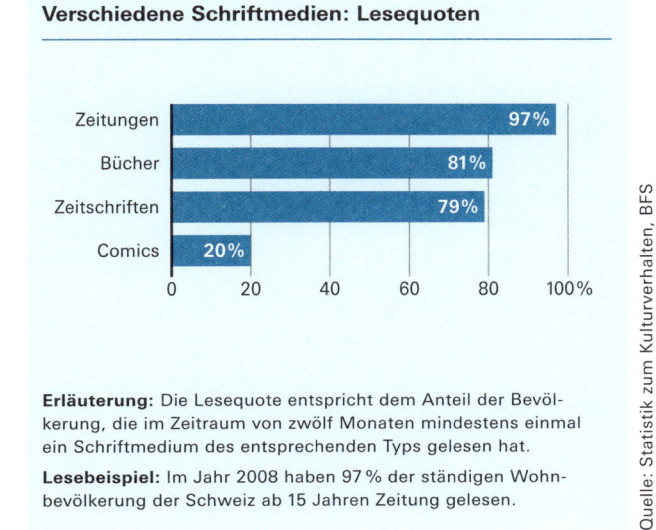

Grafik 1
Verschiedene Schriftmedien: Lesequoten

- Zeitungen: 97%
- Bücher: 81%
- Zeitschriften: 79%
- Comics: 20%

Erläuterung: Die Lesequote entspricht dem Anteil der Bevölkerung, die im Zeitraum von zwölf Monaten mindestens einmal ein Schriftmedium des entsprechenden Typs gelesen hat.

Lesebeispiel: Im Jahr 2008 haben 97 % der ständigen Wohnbevölkerung der Schweiz ab 15 Jahren Zeitung gelesen.

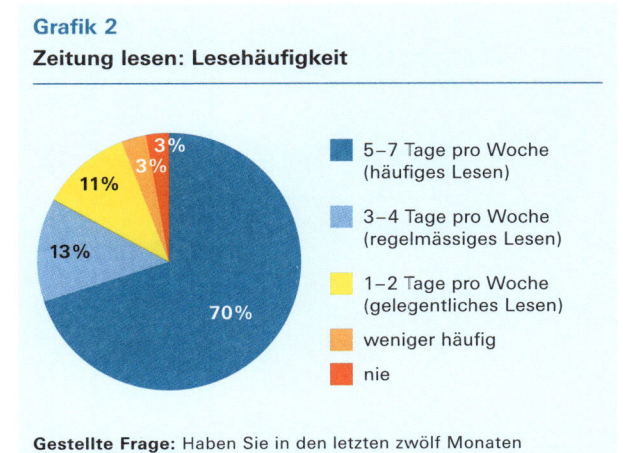

Quelle: Statistik zum Kulturverhalten, BFS

Grafik 2
Zeitung lesen: Lesehäufigkeit

- 70% – 5–7 Tage pro Woche (häufiges Lesen)
- 13% – 3–4 Tage pro Woche (regelmässiges Lesen)
- 11% – 1–2 Tage pro Woche (gelegentliches Lesen)
- 3% – weniger häufig
- 3% – nie

Gestellte Frage: Haben Sie in den letzten zwölf Monaten Zeitung gelesen?

Quelle: Statistik zum Kulturverhalten, BFS

Jugendliche und Medien — 22

Grafik 3
Bücher lesen: Zweck und Lesehäufigkeit

Bücher zu privaten Zwecken lesen

- 25 % — 1–3 Bücher pro Jahr (sporadisches Lesen)
- 19 % — 4–7 Bücher pro Jahr (gelegentliches Lesen)
- 12 % — 8–12 Bücher pro Jahr (regelmässiges Lesen)
- 18 % — 13 und mehr Bücher pro Jahr (häufiges Lesen)
- 26 % — keine

Gestellte Frage: Haben Sie in den letzten zwölf Monaten Bücher (ohne Comics) zu privaten Zwecken gelesen?

Bücher für Ausbildung oder Beruf lesen

- 21 %
- 10 %
- 5 %
- 7 %
- 57 %

Gestellte Frage: Haben Sie in den letzten zwölf Monaten Bücher (ohne Comics) für Ihre Ausbildung oder für Ihren Beruf gelesen?

Quelle: Statistik zum Kulturverhalten, BFS

Grafik 4
Bibliotheksbesuche: Zweck und Besuchsquoten

Geschlecht
- Frauen: 41 % / 20 %
- Männer: 31 % / 21 %

Alter
- 15–29 Jahre: 46 % / 49 %
- 30–44 Jahre: 40 % / 19 %
- 45–59 Jahre: 36 % / 15 %
- ab 60 Jahren: 23 % / 4 %

Sprachregion
- Deutschschweiz: 37 % / 20 %
- Französische Schweiz: 35 % / 22 %
- Italienische Schweiz: 32 % / 20 %

Ausbildungsniveau
- Sekundarstufe I: 19 % / 5 %
- Sekundarstufe II: 32 % / 11 %
- Tertiärstufe: 43 % / 27 %

Haushaltseinkommen
- gering: 30 % / 14 %
- mittel: 35 % / 15 %
- hoch: 41 % / 25 %

Stadt/Land-Verhältnis
- Stadt: 39 % / 22 %
- Land: 28 % / 17 %

Nationalität
- Schweizer: 36 % / 20 %
- andere: 37 % / 21 %

■ zu privaten Zwecken in eine Bibliothek gehen
■ für Ausbildung oder Beruf in eine Bibliothek gehen

Quelle: Statistik zum Kulturverhalten, BFS

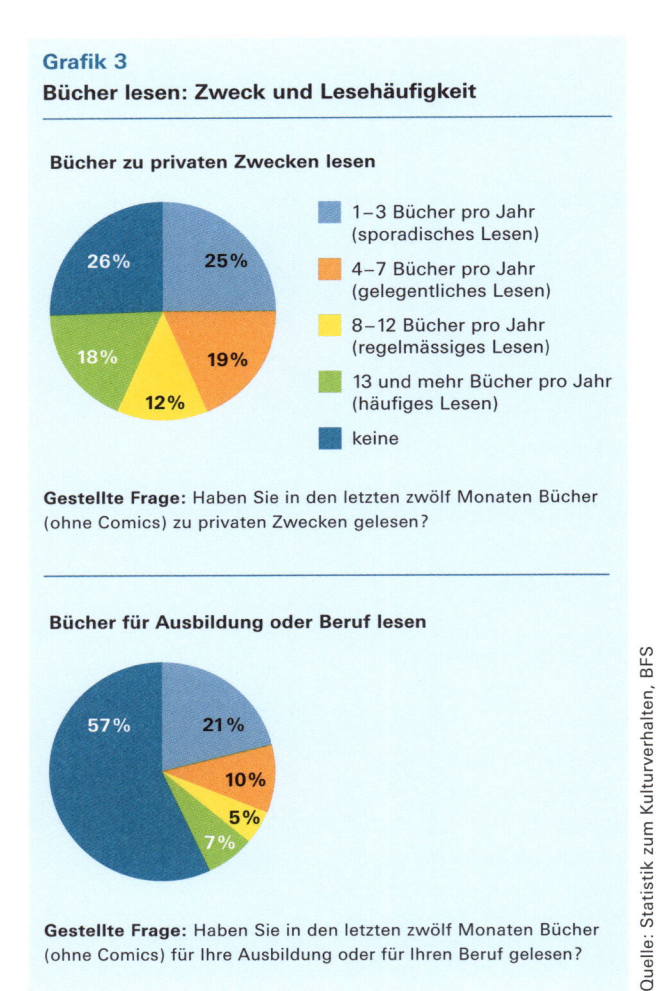

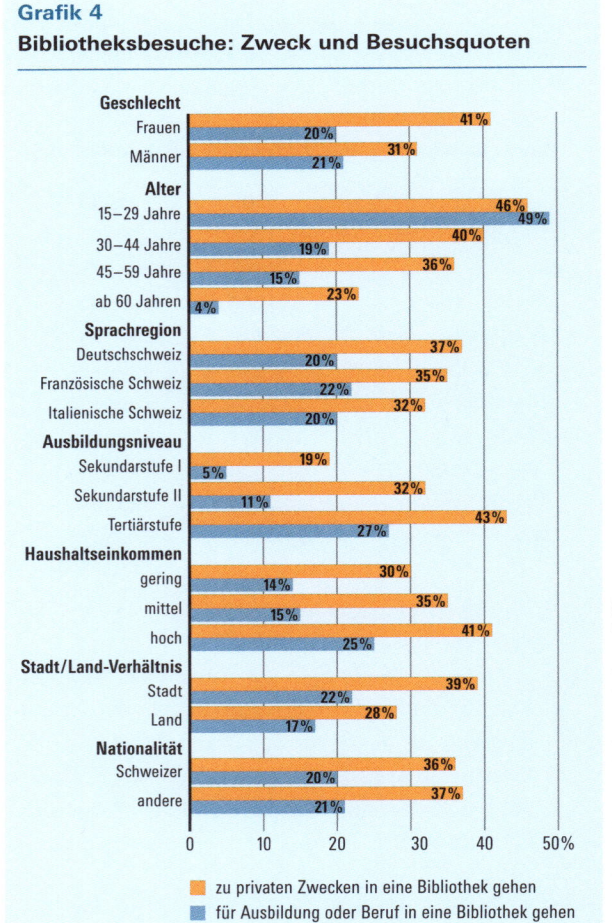

Selbstbeurteilung «Jugendliche und Medien»

Ich kann …
- ☐ aus einem Balkendiagramm die Zahlen und Prozentangaben herauslesen. **SB 1   AH 1**
- ☐ statistische Zahlenangaben in einem Balkendiagramm darstellen. **SB 3**
- ☐ Anteile in Prozentangaben umrechnen. **SB 3   AH 5C**
- ☐ Prozentangaben in Anzahlen umrechnen. **SB 2**

Zusätzlich kann ich …
- ☐ aus Diagrammen (Balken-, Linien-, Kreisdiagrammen) Zahlen- und Prozentangaben entnehmen. **SB 8**
- ☐ den Begriff «Stichprobe» erklären. **SB 2**
- ☐ Statistiken interpretieren. **SB 4   AH 5 und 6**
- ☐ eine Umfrage ausarbeiten, durchführen und (z. B. mit einer Tabellenkalkulation) auswerten. **SB 5 bis 9**

☐ Weitere Aufgaben «Grundanforderungen» **A322-01**

☐ Weitere Aufgaben «Zusatzanforderungen» **A322-02**

☐ Arbeitsrückschau im Merkheft **A322-03**

☐ Teste dich selbst **A322-04**

Selbstbeurteilung

99

Die Aufgaben aus dem Bereich «Vertiefung und Weiterführung» stehen dir auf www.mathbuch.info als Download zur Verfügung. Der Online-Code führt dich direkt zur richtigen Datei.

Schieben – drehen – zerren 23 A323-00

Ich kann …

Die Grundansprüche der folgenden Lernumgebungen werden vorausgesetzt:

▸ LU 5 «Messen und zeichnen»
▸ LU 20 «Symmetrien und Winkel»
▸ LU 21 «Boccia – Pétanque – Boule»

Zusätzlich kann ich …

☐ Kongruenzen zweier Figuren erkennen: Achsensymmetrie, Punktsymmetrie, Verschiebung, Drehsymmetrie. **SB 5   AH 11**

☐ eine einfache Figur um eine vorgegebene Strecke mit Zirkel und Geodreieck verschieben. **SB 3   AH 5**

☐ eine einfache Figur um einen Drehpunkt und einen vorgegebenen Winkel drehen. **SB 4   AH 6, 8 bis 10**

☐ bei nicht kongruenten Figuren Zusammenhänge erkennen und beschreiben. **SB 7   AH 11**

☐ Weitere Aufgaben **A323-01**

☐ Arbeitsrückschau im Merkheft **A323-02**

Regelmässige Figuren 24 A324-00

Ich kann …

Die Grundansprüche der folgenden Lernumgebungen werden vorausgesetzt:

▸ LU 5 «Messen und zeichnen»
▸ LU 20 «Symmetrien und Winkel»
▸ LU 21 «Boccia – Pétanque – Boule»

Zusätzlich kann ich …

☐ die Innenwinkel eines regelmässigen n-Ecks berechnen. **SB 1**

☐ regelmässige Vielecke konstruieren. **SB 2**

☐ Vielecke und Sternfiguren mit gegebenem Innenwinkel konstruieren. **SB 3**

☐ Arbeitsrückschau im Merkheft **A324-01**

Selbstbeurteilung

Situation – Tabelle – Term – Graph 25   A325-00

Ich kann...

Die Grundansprüche der folgenden Lernumgebungen werden vorausgesetzt:

- LU 1 «Fünfer und Zehner»
- LU 10 «x-beliebig»
- LU 15 «Kosten berechnen»

Zusätzlich kann ich...

☐ unterschiedliche Preisangebote vergleichen. **SB 1**

☐ zu Situationen mit linearem Verhalten Wertetabellen erstellen und entsprechende Graphen einzeichnen. **SB 2   AH 1**

☐ das günstigste Angebot für verschiedene Mengen aus Wertetabellen oder Grafiken herauslesen. **SB 3**

☐ Grafiken mit linearem Verhalten interpretieren. **AH 2**

☐ Arbeitsrückschau im Merkheft **A325-02**

Zahlentafeln und Stellenwerte 26   A326-00

Ich kann...

Die Grundansprüche der folgenden Lernumgebungen werden vorausgesetzt:

- LU 10 «x-beliebig»
- LU 19 «Summen und Produkte»

Zusätzlich kann ich...

☐ mehrstellige Zahlen algebraisch beschreiben. **SB 3 und 5**

☐ Buchstabenterme gezielt so auswerten, dass sie bestimmten Kriterien genügen. **SB 2   AH 3**

☐ systematisch Beispiele variieren und Feststellungen notieren. **SB 4 und 5   AH 1 bis 8**

☐ Strukturen und Gesetzmässigkeiten algebraisch begründen. **SB 4 und 5   AH 3**

☐ erklären, bei welchen Beispielen das Rechnen mit Variablen Vorteile bringt. **SB 2, 4 und 5   AH 1 bis 8**

☐ Weitere Aufgaben **A326-02**

☐ Arbeitsrückschau im Merkheft **A326-03**

Selbstbeurteilung

Verpackungen 27 A327-00

Ich kann...

Die Grundansprüche der folgenden Lernumgebungen werden vorausgesetzt:

▶ LU 9 «Flächen und Volumen»

▶ LU 13 «Mit Würfeln Quader bauen»

Zusätzlich kann ich...

☐ Netze von verschiedenen Körpern zeichnen. **SB 1, 3 und 4   AH 7 bis 9**

☐ Flächenvergleiche anstellen sowie Flächeninhalte überschlagen. **AH 1 und 3**

☐ Flächen schätzen und Flächenmasse umwandeln, auch Aren, Hektaren und Quadratkilometer. **AH 1 bis 3**

☐ Oberflächen von verschiedenen Körpern berechnen. **SB 1   AH 5 und 6**

☐ Weitere Aufgaben **A327-01**

☐ Arbeitsrückschau im Merkheft **A327-02**

Pasta 28 A328-00

Ich kann...

Die Grundansprüche der folgenden Lernumgebung werden vorausgesetzt:

▶ LU 4 «So klein! – So gross!»

▶ LU 9 «Flächen und Volumen»

Zusätzlich kann ich...

☐ Zutaten für Rezepte berechnen und den Verbrauch abschätzen. **SB 1, 2 und 4**

☐ Zusammenhänge von Volumen, Fläche und Teigdicke (Höhe) beschreiben. **SB 3   AH 2 bis 5**

☐ aus einem Text Informationen entnehmen und verarbeiten. **SB 1, 2, 4 bis 6   AH 7 und 8**

☐ Funktionsgraphen interpretieren und vergleichen. **SB 5**

☐ Arbeitsrückschau im Merkheft **A328-01**

Selbstbeurteilung

Proportionalität – umgekehrte Proportionalität 29 — A329-00

Ich kann...

Die Grundansprüche der folgenden Lernumgebungen werden vorausgesetzt:

- LU 1 «Fünfer und Zehner»
- LU 15 «Kosten berechnen»

Zusätzlich kann ich...

- [ ] Zuordnungen in Tabellen darstellen und Werte berechnen. **SB 3 und 4 AH 2 und 3**
- [ ] Zuordnungen grafisch darstellen. **SB 5 und 6   AH 1, 4 und 5**
- [ ] proportionale und umgekehrt proportionale Zuordnungen unterscheiden und erklären. **SB 7 und 8   AH 5**

- [ ] Weitere Aufgaben **A329-01**

- [ ] Arbeitsrückschau im Merkheft **A329-02**

Konstruktionen 30 — A330-00

Ich kann...

Die Grundansprüche der folgenden Lernumgebungen werden vorausgesetzt:

- LU 5 «Messen und zeichnen»
- LU 12 «Parallelogramme und Dreiecke»
- LU 20 «Symmetrien und Winkel»
- LU 21 «Boccia – Pétanque – Boule»

Zusätzlich kann ich...

- [ ] einfache Konstruktionen nach bildlicher und sprachlicher Anleitung durchführen. **SB 1 und 2   AH 1 und 2**
- [ ] ausgehend von gegebenen Strecken und Winkeln einfache Dreiecks- und Viereckskonstruktionen durchführen. **SB 3 bis 5   AH 3 und 4**
- [ ] Konstruktionsanleitungen schreiben. **SB 6   AH 3 und 4**

- [ ] Weitere Aufgaben **A330-01**

- [ ] Arbeitsrückschau im Merkheft **A330-02**

Selbstbeurteilung

Domino – Triomino 31 A331-00

Ich kann…

Zur Bearbeitung dieser Lernumgebung sind keine speziellen Voraussetzungen notwendig.

Zusätzlich kann ich…

☐ einfache Abzählprobleme systematisch lösen. **SB 1**

☐ Strategien zum Lösen einfacher kombinatorischer Probleme auf gleichartige aber schwierigere Probleme übertragen. **SB 3   AH 1**

☐ komplexere Abzählprobleme lösen. **SB 6   AH 4**

☐ Weitere Aufgaben   **A331-01**

☐ Arbeitsrückschau im Merkheft   **A331-02**

mathbuch 1 – Arbeitsheft

Weiterentwicklung auf der Grundlage des Unterrichtswerkes «mathbu.ch 7» von Walter Affolter, Guido Beerli, Hanspeter Hurschler, Beat Jaggi, Werner Jundt, Rita Krummenacher, Annegret Nydegger, Beat Wälti und Gregor Wieland, eine Koproduktion der beiden Verlage Schulverlag plus AG und Klett und Balmer Verlag, erschienen 2002.

Autoren der Weiterentwicklung
Walter Affolter
Annegret Nydegger
Beat Wälti
Gregor Wieland

Guido Beerli (Glossar, Lexikon und Kopfgeometrie online)
Hanspeter Hurschler (Lernzielkontrollen)

Beratung bei der Weiterentwicklung
Guido Beerli
Hanspeter Hurschler
Beat Jaggi
Werner Jundt
Rita Krummenacher

Kaspar Riesen, FHNW (ICT)
Reinhard Hölzl, PHZ (Geometrie)

Kontrolle der Aufgaben und Lösungen
Urs Strub, Aarau

Aufgaben für das Rechentraining online
Matthias Baschung, Bösingen

Verlagskoordination
Rachel Gratzfeld, Klett und Balmer AG
Hans Jensen, Schulverlag plus AG

Projektleitung Guido Mazzuri

Redaktion Sara Venzin; Guido Mazzuri

Rechte und Bildredaktion Dijana Krizanac

Korrektorat Stephanie Tremp, Zürich

Illustration Brigitte Gubler, Zürich

Fotografie Stephanie Tremp, Zürich

Gestaltung und Satz Bernet & Schönenberger, Zürich

Programmierung
Intersim AG, Burgdorf (Website)
GRSoft GmbH, Büsingen (Rechentraining, Kopfgeometrie)

Dank
Das «mathbu.ch 7» wurde im Schuljahr 2009/2010 in insgesamt 19 Klassen in den Kantonen Appenzell Ausserrhoden, Bern, Baselland, Basel-Stadt, Freiburg, St. Gallen, Solothurn und Thurgau evaluiert.
Die Manuskripte der Weiterentwicklung wurden von Regula Enderle-Rissi (TG), Gabriele Hehemann (BS), Maria Marti (BE), Ule Matter (FR), Pascal Niederberger (SZ), Selina Pfenniger (LU) und Adrian Zweifel (SG) begutachtet. Autorinnen/Autoren und Verlage bedanken sich für die wertvollen Hinweise, welche die Evaluation und die Begutachtung erbracht haben. Die Erkenntnisse sind bei der Überarbeitung der Manuskriptfassung so weit wie möglich berücksichtigt worden.

1. Auflage 2013
8., unveränderter Nachdruck 2020
Alle Drucke dieser Auflage können im Unterricht nebeneinander verwendet werden.
© Schulverlag plus AG, Bern, und Klett und Balmer AG, Baar, 2013

Alle Rechte vorbehalten. Nachdruck, Vervielfältigung jeder Art oder Verbreitung nur mit schriftlicher Genehmigung der Verlage.

ISBN 978-3-292-00736-0 (Schulverlag plus AG)
ISBN 987-3-264-84001-8 (Klett und Balmer AG)